走出首都圈！

阿蘇卡的日本祕境再發現

40個日本祕境探訪，從神話與傳說重新認識日本

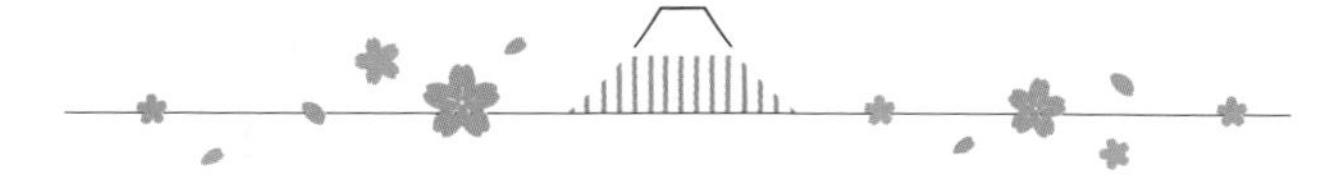

阿蘇卡（Asuka）—— 著

跟著阿蘇卡，日本再發現！

忘了是從何時開始發現阿蘇卡的blog的，之後就開啟了很長的一段潛水歲月，阿蘇卡的文種類廣泛，從追星、留學、日本生活日常、包包文，一直到踏遍日本的47個道都府縣，最後又見證了出雲大社的威力，光速的結婚生子進入人生另一階段。這些主題或許有些人會覺得瑣碎無味，但這小妮子就是有辦法把文章寫得動人有趣，記得有陣子我還叮嚀自己千萬不能在上班時間偷看阿蘇卡的新文章，因為絕對會偷笑到被老闆發現。

這本書集結了阿蘇卡在日本47個道都府縣遊玩的景點與經驗，同時也維持了她的一貫風格，邊看書總感覺阿蘇卡在旁邊活靈活現的介紹各個景點，不光只是介紹景點，連交通方式都幫大家查好了，你看看，多麼貼心的阿蘇卡！但我相信因為篇幅的關係，讓她在字數上有稍微收斂一點，不然應該很有機會出成47本（喂）。

如果你還沒去過日本，那麼這本書可以帶你快速認識日本各縣的特別景點。如果你已經把日本各大都市都去過了，那麼這本書可以先帶著你紙上遊歷日本其他雖不熱鬧，但卻很有滋味的景點。就讓我們一起跟著阿蘇卡，日本再發現吧！

時光手帖 Erica

跟著Asuka的步伐，把日本揹進背包中！

日本一直是國人海外旅遊的熱點，恰好的距離、繽紛豐富的文化及對旅者普遍友善的態度，總吸引著大家一訪再訪。我也在過去五年的背包客生涯裡總計赴日十七回，雖然看起來是個日本通，但與Asuka比起來，還真只能算是入門者。

坊間關於日本旅遊的書籍不在少數，但Asuka的作品之所以特別，是因為她在旅遊紀實的同時，也能透過輕鬆詼諧的文字，深入淺出地向讀者介紹旅途的風光，並將日本的地域文化融入其中。這樣的作品，不僅賦予了文字溫度，也讓讀者有種與作者同遊日本的親切感。除此之外，書中描寫的許多地方，並非台灣遊客蜂擁而至的觀光大城，因此讀來更給人耳目一新之感。

旅人的養成並非朝夕能至，但我們總要踏出第一步，學著用自己的感官去認識世界。無論你在日本旅遊這條道路上，走到哪了，都誠摯地建議你帶上這本書，跟著Asuka的步伐，把日本揹進背包中。

行腳節目主持人 **陳浪**

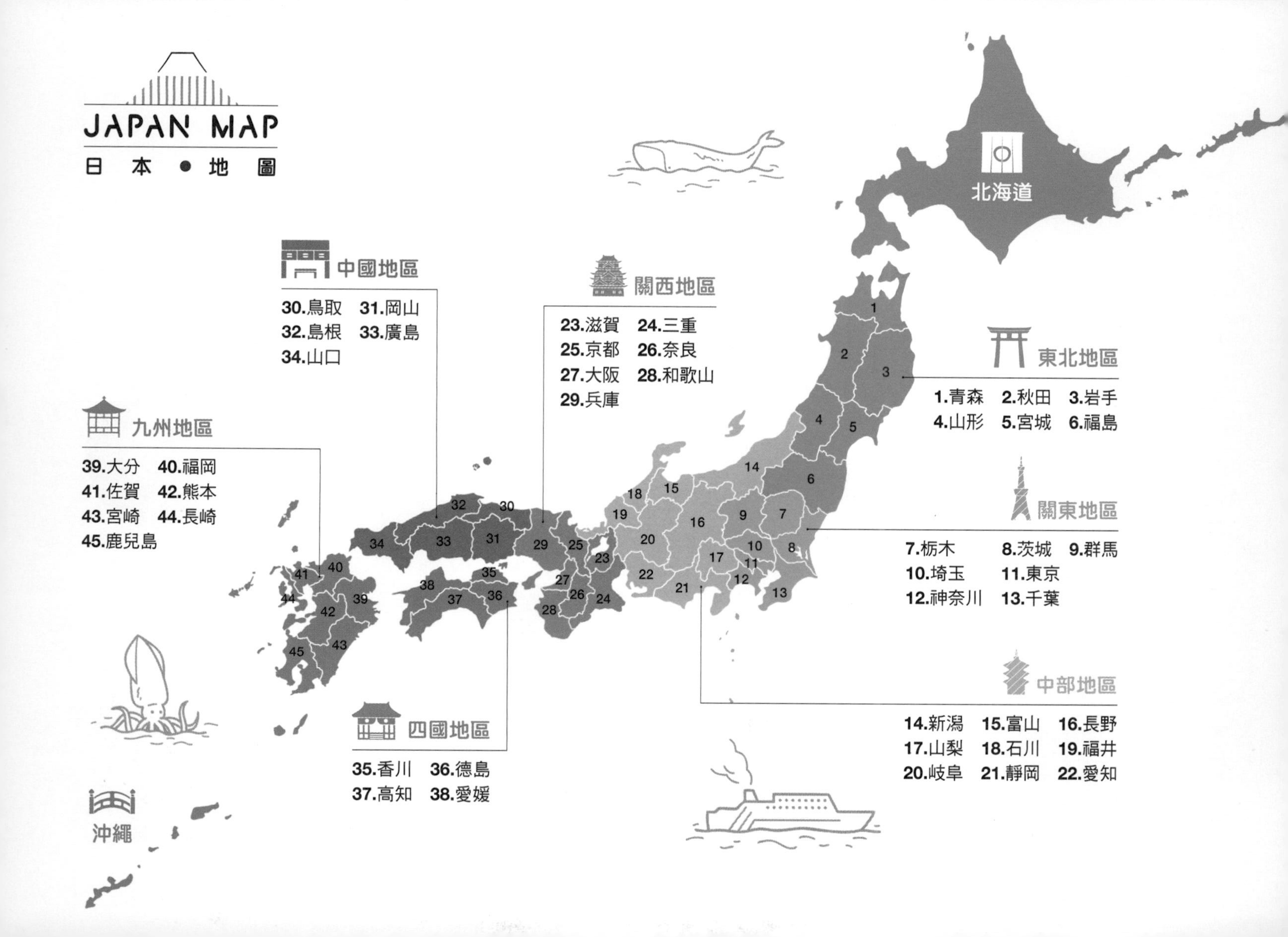
JAPAN MAP
日本 ● 地圖
北海道
東北地區
1.青森 2.秋田 3.岩手
4.山形 5.宮城 6.福島
關東地區
7.栃木 8.茨城 9.群馬
10.埼玉 11.東京
12.神奈川 13.千葉
中部地區
14.新潟 15.富山 16.長野
17.山梨 18.石川 19.福井
20.岐阜 21.靜岡 22.愛知
關西地區
23.滋賀 24.三重
25.京都 26.奈良
27.大阪 28.和歌山
29.兵庫
中國地區
30.鳥取 31.岡山
32.島根 33.廣島
34.山口
四國地區
35.香川 36.德島
37.高知 38.愛媛
九州地區
39.大分 40.福岡
41.佐賀 42.熊本
43.宮崎 44.長崎
45.鹿兒島
沖繩

走出首都圈！日本鄉下真的好好玩

我跟大部分的人一樣，接觸日本是由東京開始的。中間歷經了幾次關西、東京自助行之後，我前往東京展開留學生活。留學的生活總是苦悶，看膩了繁華的夜都市東京之後，開始想要向外發展。某年冬天我們趁著年末年始的假期，拿著窮留學生專用的青春18票券，跳上電車。沿途玩了靜岡、名古屋、三重縣的伊勢神宮，那次之後，我開始對東京以外不繁華的地方嚴重沉迷（像我就對大阪跟名古屋市很沒有愛）因為電車班次少，旅行時間難免較難控制，但卻很適合我這種說走就走，隨遇而安的人。

這一站下車之後，會看見什麼樣的風景？會遇見哪位在地人跟我閒話家常？這種難以忍受的期待感讓我深陷旅行之中。

當然不是每個人都可以懂我這種感覺，我認識的日本朋友跟長官們，聽到我跑遍日本，甚至最喜歡的地方是青森，只有驚訝的問我說，那邊到底有什麼好玩的？

我只能說，蘋果的吸引力是很難抗拒的，尤其是在津輕海峽邊看海邊吃蘋果（誰懂）。兩次的青森E5行、仙台的熱情民宿、花卷的童話博物館、夏天挑戰山形的山寺、隱藏在長野深山的戶隱神社、跟天皇有著密不可分關係的伊勢神宮、三景之一丹後天橋立、岩國城遇到的熱情阿嬤叫我們要小心東京男人、爬到累死人此生不想再去的金刀比羅宮、一拜完姻緣就從天而降的出雲大社、深深烙印在心裡忘不了的長崎夜景、丸龜車站遇到親切到炸裂的導覽員及跟我們聊了兩小時的帶骨雞老板、札幌的拉麵店中，客人們聽到我們是來看嵐演唱會的全都異口同聲拍手

說我們也太幸運、很辛苦的睡機場結果隔天飛機停飛的鹿兒島行……每一趟旅程都充滿不確定性但也充滿驚喜。

走出首都圈，電車班次少了點，人情味卻多了點；購物的地方少了些，回憶卻多了些；有形的東西少了點，無形的東西卻增加了點。每一次去日本都可以獲得不一樣的體會，這些都是只需要一顆愉悅的心，一只行李箱跟少許的日幣就可以得到的。

這本書不是本工具書，它只是我跑遍日本中記憶碎片的一部分，簡單講就是本旅遊散文，但是我希望用我的角度帶著大家去看看，你可能不知道的日本的另一面。如果你看完這本書後也跟我一樣想立刻出發前往日本鄉下，那就太好了。

最後要謝謝陪我走過日本每個角落的早稻田少女組們，沒有你們我的每趟旅程都會是孤單老人。最重要的是茶米爸，願意一肩攬起照顧小孩的責任讓我能專心寫作，好幾個月的假日我都不在你們身邊，但你還是很支持我走自己的路，沒有你我沒辦法完成我的出書夢想。

Asuka
2018.8.31

Special thanks to 蔡姐

在我硬碟掛掉、照片全滅的狀況下還好有妳，豆干不是旅遊良伴，妳才是。

CONTENTS 目錄

SIGNAL

Chapter 3
中國地區
被神話及傳說圍繞的大地

Chapter 4
九州地區
離台灣近又以觀光列車聞名

Chapter 1

東北＋關東地區

見證東日本的浴火重生

想知道全日本最好吃的蕎麥麵在哪裡嗎？還是想走入時光隧道欣賞福島合掌村？或是想參拜日本三大靈場之一的恐山？讓Asuka帶你一起深入探訪東日本的美麗風貌！

前往本州的頂點！
下北半島

津輕海峽景色。

● **交通方式：** 從青森車站搭青之森鐵道在野邊地轉乘JR大湊線，全程約2小時。
● **觀光列車：** リゾートあすなろ（大湊線）http://bit.ly/2LZznlx
● **青之森鐵道：** http://bit.ly/2OlB7Nz

講到日本本州最北的縣，大家可能無法馬上反應過來，但講到盛產蘋果的地方，應該就知道答案了，就是青森縣。說到這裡，不知道大家對青森印象是什麼？喜歡聽歌的人可能會想到津輕海峽冬季景色；喜歡動畫的人可能會想到太宰治；戰國迷可能會想到弘前城；而我第一個想到的則是沿著下北半島海岸線奔跑的電車。

青森形狀長的很可愛，上面有個像是鉤子倒勾過來的感覺，而那個鉤子部分就是這篇想跟各位介紹的下北半島，同時它也是本州的頂點，隔著津輕海峽與北海道遙遙相望。

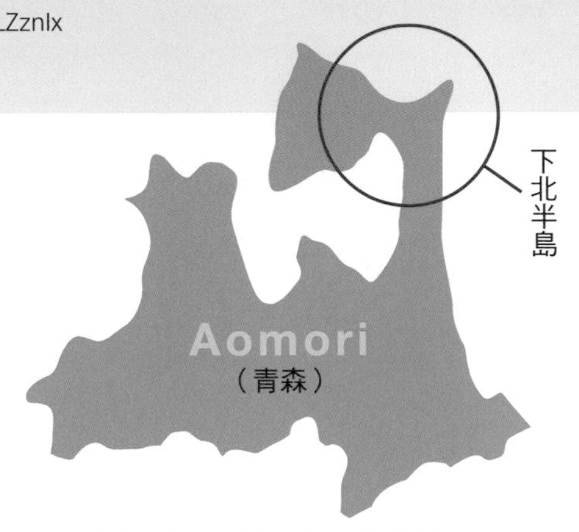

▲下北半島位在青森縣的右上角，形狀很像鉤子。

與大海相呼應的藍色鐵道——青之森鐵道

要前往下北半島最快的方式就是從青森車站搭乘青之森鐵道前往，這台列車有漆成淡藍色的可愛吉祥物叫モーリー（MORI），它長得很像針葉林，因為緯度很高的青森，針葉林是常駐植物，在青森各大車站都可以看到販賣相關周邊商品。這條青森私鐵可以使用JR東日本鐵路周遊券（東北地區），拿東日本PASS前往的朋友們，千萬別忘了出示票券！

▲有著可愛吉祥物的青之森鐵道。

從青森出發後，列車沿著海岸線奔馳，到「野邊地」這一站時，列車會分成兩個方向，一個往北也就是往下北跟大湊方向；另一方面是往南前往八戶，所以前往下北的人記得在這邊轉車。過了野邊地之後，鐵軌緊貼著海岸線奔馳，坐在車上就像是車子開在海上一般，讓我想起神隱少女中，小千跟無臉男坐車的那一段，如夢似幻。站在最前面一節車廂，從窗戶看出去就像是在玩「電車でGO!」一樣，眼前只有無限延伸的鐵軌跟大海，這段讓我留下太深的印象，於是後來想起青森，總是會想起沿著海岸線奔馳的大湊線。

▲很清爽的藍色車身，非常符合青森這個名字。

▲在「野邊地」這一站，要轉乘JR大湊線。

▲從這邊開始，就變成抹茶色的列車囉！

▲從車廂拍出去的景色，就像是沒有隔著玻璃一樣。

▲不是下北澤喔，差一個字就從天堂跌到地獄（XD）～

▲硬要來一個本州最北端，而且還JR東日本限定。

如果要前往三大靈場之一的恐山，要在「下北」站下車，同時這也是JR線本州最北端的站（日本真的很愛分最東最北最南最西車站，而且還拆分日本跟本州是怎樣），整個下北半島都隸屬於下北國家公園，因此要前往恐山就要從這邊再坐40分鐘的公車上山，這個就留待下一篇再跟各位娓娓道來。

奔向希望的明天——リゾートあすなろ線（RESORT ASUNARO）

奔馳在下北半島上的列車除了剛剛提到的普通列車之外，還有一種特殊列車叫做リゾートあすなろ號。它是2010年配合東北新幹線開通而特別闢出來的路線，分為津輕線跟大湊線，這在當初可是非常新型的一種車輛，搭載著hybrid技術，也就是我們講的油電車。現在油電車雖然是滿街跑，但在當時可

▲車廂內都有設置螢幕，可以看到前方奔馳的畫面。

是多麼新潮的技術啊！有開過油電車的人就知道，車上完全聽不到引擎的聲音，車體也不會震動，就像是在路上飄移一樣的輕盈，所以這條線坐起來真的非常舒適。

車廂內的電視螢幕，可以看到車子前方奔馳畫面，旁邊超大窗戶還可以讓車內的人享受窗外美景。我在正值311大地震後的一年搭上這部列車，車子停

▲這張照片有沒有很符合車名，奔向希望的明天！

▲可以很清楚的看見駕駛開車的樣子喔！

▲再怎麼黑暗終會迎來曙光，我相信東北地區也是。

在某一站時，有幾位當地人上來兜售物產，我買了一個銅鑼燒，付錢時他們問我們從哪邊來，聽完後那幾位當地人超開心又激動，一直跟我們說謝謝，還要我們再來玩。從他們手上接過冷冷的銅鑼燒，不知怎地眼眶卻熱熱的……

我很喜歡日本人宣傳電車的一種概念－鐵軌連接起遙遠的人與人、心與心，就像這台車的名字一樣，あすなろ（ASUNARO）。當時不要說台灣人，連日本人自己都不敢去東北的時期，也許這台列車可以串起已經冷漠的心與心，帶著東北人奔向充滿希望的明天吧！

前往日本三大靈場之一參拜去
恐山

- **交通方式**：從JR下北車站轉搭下北交通巴士，上山路程約40分鐘。要注意巴士一天只有四班，上山前千萬記得要先看回程的巴士時間表。另外，山上有收訊的電信只有docomo這間喔！
- **開山期間**：每年5月1日～10月31日
- **下北巴士時間表**：http://bit.ly/2NS5VEy

像是不應該存在這現世的景象……

與京都比叡山、和歌山縣高野山齊名的三大靈場之一－青森恐山，一直以來都蒙著一層神祕面紗。下北半島的傳說中，死去的靈魂會往山中走，而恐山是生與死的交界，所以有一說是來到恐山可以見到死去的親人或是你想見的人。

因為它位於下北半島的最北端，氣溫常年處於低溫，冬天時還會因道路結冰所以無法上山，而且一年之中只有特定時間才能上山，更增添了它的神祕感。當初會來到這邊拜訪真的是誤打誤撞，2012年跟朋友住在青森旅館時，討論隔天要去哪比較好，最好特別一點、台灣人遊記很少寫到的地方（年輕人就是年輕人，太衝動了），於是我們找到恐山這個地方，當時網路上只找的到日本人遊記而且也沒幾篇，於是我們就決定是它了！

空無一人的恐山參拜入口。

千里迢迢前往靈場恐山參拜

在網路上搜尋靈異景點（心靈スポット）的話，恐山常常榜上有名，但當時出發前我一點都不怕，年輕時的心靈強度果然就是跟現在不一樣！要前往恐山參拜的路途可不是那麼簡單的，接續前一篇搭乘JR抵達下北車站之後，還要在這邊轉巴士上山。巴士的時刻表網路上都查的到，一天往返只有各四班，而且這邊人煙異常的稀少（看不見的朋友們可能有很多），除了自身安全要小心之外，公車時刻表千萬要記得，以免遇到上山後卻下不了山的窘境。

▲上山途中經過的冷水站。

▲強者我朋友喝了，請勿輕易模仿！

公車路程大約40分鐘，會越開越偏僻，直到駛向深山，路邊開始會出現一些地藏，而且有些是沒有頭的……就在心中終於開始覺得毛毛的時候，車上突然開始放廣播，當時車上除了我跟朋友之外，加上司機可能還不到3個人，讓人覺得該不會司機跟其他乘客都是假的吧？會不會等等他們回頭都沒有臉！心中邊上演小劇場、邊聽廣播到底在講什麼，廣播的聲音是一位老婦人的感覺，聽起來是在講當地的一些傳說，講到一半還突然開始唱歌！嗚嗚嗚～讓我下車啊（當時應該有被嚇到漏1～2滴尿，大家不要說出去喔）。

開到一半時司機突然停下來，說這一站叫做「冷水」，這個山泉水據說是喝1口可以年輕10歲，喝2口年輕20歲以此類推。不過這個水是沒有經過消毒的，建議還是煮過再喝會比較好，強者我朋友當時直接喝了，一直到現在過了多年樣貌都完全沒變，腦波也依舊比常人弱，所以我想這個山泉水是真的很有效吧？

▲旁邊有個石碑寫著三途川的奈何橋，過了這座橋對面就是彼岸了。

▲奪衣婆跟曬衣翁像，這輩子所造的業都會在這被衡量。

到達恐山後視界整個一變，我們那時5月上山，地面還有很多積雪都還沒融掉，被山環繞的「宇曾利湖」就在眼前閃著奇怪的光芒，一般湖面都是藍色的，但宇曾利湖因為湖底有礦物的關係，湖面看起來是藍綠色的。另外，這邊因為是火山地形，空氣中瀰漫著一股硫磺味，更讓人覺得不舒服……

公車等我們下車後就飛快地開走下山去了，我跟朋友經過一座奈何橋，我看網路上的日本人寫說這座橋不能只單向走一次，這樣代表你走進地獄裡，意思是走過去要記得走回來嗎（？）。奈何橋旁邊有奪衣婆、曬衣翁的雕像，傳說人死後到這邊會被脫衣服，衣服掛在旁邊的樹上，樹枝垂的越低代表你的業障越重。奇怪的是，這兩尊雕像應該也只是示意圖，但不知為何看著它們越看越毛，我明明就沒做壞事呀！

歡迎來到生與死的交界

付了入山費500日圓後，穿過山門就是恐山境內，這裡9世紀時由慈覺大師開山，主要祀奉延命地藏，所以境內到處都可以看到地藏，不管是有頭的沒頭的，祂們的腳邊都放滿很多小石頭，仔細看那些小石頭都有寫上人名，想必應該是親人來這邊見過了吧！

參拜完之後，後面還有一大片地獄可以參觀，這邊因為是火山地形，所以地面都被硫磺侵蝕過，而且不時還有煙從地面冒出來，加上滿地散落的小石頭跟地藏，這個景象跟我想像中的地獄還真像。經過無數個地獄後會來到宇曾利湖畔旁邊，湖邊有著一堆堆由小石頭堆成的小山，這些小石頭其實是要供奉給未成年就離世的小孩亡魂。

傳說中未成年的小孩丟下父母擅自先離世的話，靈魂不能進入輪迴，而是必須一直在河邊堆小石頭，如果可以成功地堆成山，就可以脫離苦海進入下一個輪迴道，但是每當石頭快要堆好時，地獄的小鬼們就會來把小石堆弄倒，那些小朋友的靈魂只好邊哭邊繼續重新堆。於是來到這邊參拜的父母，為了早日讓自己的小孩不用再堆石頭，會在這個湖邊幫忙把石頭堆成塔。

但是恐山的三大傳說之一，就是你就算傍晚來這邊堆好小石堆，隔天早上來看小石堆還是一樣散落一地。被拋下的父母傷心程度，遠遠不及你在這邊堆石頭的程度，我看著這些成堆的小石頭心情有點複雜，也有點難過。

▲位於深山中的恐山菩提寺。

▲一片荒蕪不毛的景象，伴隨著空氣中的硫磺味。

▲血池地獄是供奉因生產而過世的女性。

▲可以看到湖邊很多散落的小石堆。

除了小石堆之外，這邊也可以看到很多風車，奇怪的是這邊明明就沒有風，但是風車自己會轉，配上後面宇曾利湖散發出的詭異藍綠色光芒，這個景象真的很不可思議，像是地球上不應該會出現的風景一樣，難怪這邊會被稱為彼岸的交界，真的很像往前走一步就會進入地獄一樣。剛剛提到一個恐山的三大不可思議，另外兩個大家是不是也想知道呢？第二個是深夜的時候可以聽到地藏像的錫杖聲音，第三個是半夜如果下雨的話，堂內的地藏像衣服也會濕掉……都是很符合這裡氣氛的傳說，是真是假沒有人知道就是了。

▶境內供奉著的風車，仔細看可以看到小石頭上都有人名。

除了特殊的硫磺地形之外，恐山的溫泉也很有名，境內有4個溫泉池可以泡，不過當天天氣太冷而且周遭只有我和我朋友而已，真的很難靜下心來泡湯……另外要特別提醒要上來參拜的朋友們，這邊氣溫真的非常低，我那時5月上去只穿了一件薄外套，後來在等公車的時候差點沒凍死

一覽全寺境內，都是崎嶇難平的路。

▲境內的恐山溫泉。

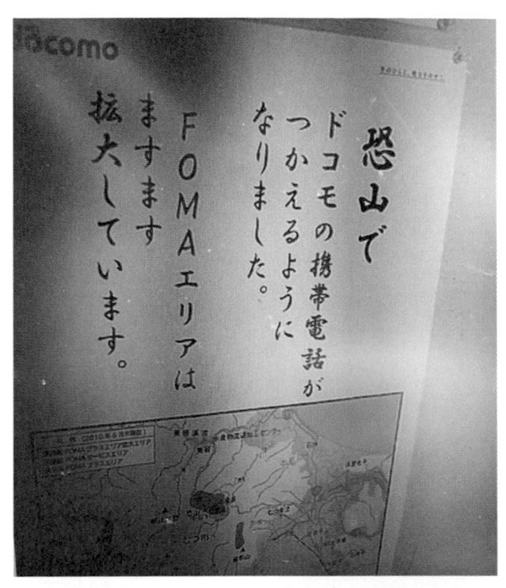

▲上來後就發現手機沒訊號，原來這邊根本沒基地台啊！

在上面，還有這邊手機完全沒有通訊，只有docomo有收訊而且範圍有侷限喔！另外，如果女生要上來的話，千萬別一個人來，萬一發生什麼事真的叫天天不靈喔！

等公車時，我看到等待室內有放一個訪客留言本，隨意翻到一則留言的大意是說，她來到恐山希望能見到死去的先生跟兒子，雖然最後無緣見到，但內心不知怎麼的平靜了許多。看著這段留言，我不知不覺眼眶也紅了起來，大家都說恐山很可怕，猶如它的名字一樣－令人恐懼的山，但在這些需要心靈寄託的人心中，這邊是過世親人長眠的地方，他們來到這邊供奉石頭或是風車，將自己的思念寄託在這些東西上面，讓自己得到救贖。

我認為恐山並不是為了過世的靈魂而存在的，而是為了給現世還活著的人，一個繼續活下去的理由吧？

▲這邊有準備好牌子給參拜者拍照，連團體照用的椅子都有呢XD

泡個溫泉療癒身心
青森屋

往來八戶跟青森屋間的接駁巴士（需預約）。

- **交通方式：**東京出發的話，搭乘東北新幹線至八戶站轉乘青之森鐵道的三澤站下車，會有旅館的免費接駁巴士接送。
- **接駁巴士時刻表：**http://bit.ly/2NRY4XO
- **星野集團青森屋：**http://bit.ly/2uYel6p

▲青森屋內到處都可以看到青森特有的ねぶた（NEBUTA）燈籠。

常前往日本旅遊的人，應該多少都會聽過星野集團的大名，它是日本高級旅館的代名詞之一。2018年是星野集團開業的第104年，它一開始只是在輕井澤起家的一間小旅館，現在已遍布全日本了，只要講到高級溫泉旅館就會想到星野集團。這篇想要介紹給大家的青森屋，就是星野集團旗下相對價格比較親民的一間溫泉旅館。

出發！前往星野リゾート青森屋（RESORT）

離青森屋最近的車站是青之森鐵道上的「三澤」站，從東京搭乘東北新幹線在八戶站下車後，轉搭青之森鐵道前往三澤，到了三澤車站後，旅館會有免費的接駁巴士接送，一天有19班算是非常方便。上述是從東京出發最短的抵達方式，我去的時候因為事前先去青森車站，所以從青森搭到三澤花了1個小時才到，一路上真的可以說是人煙稀少，中途有2位少女拿著earth music的袋子上車，想必應該是剛採購完要回家，這邊連買個最基本的衣服都要坐車坐這麼久，再比對東京都內每個車站都有earth music這個牌子，日本的城鄉差距真的是令人不敢恭維！

一到青森屋之後，服務人員幫我們卸下行李，馬上為我們端上一碗熱騰騰的蘋果汁。雖然熱蘋果汁喝起來有點怪怪的，但對我們這些剛淋完大雪的人來說真的是寒冬送暖。青森屋的房間雖然很大，不過它屬於平價旅館，所以佈置的很平凡，如果是想體驗日本傳統溫泉旅館的人應該會很喜歡，因為整個旅館都瀰漫著一股昭和味道，彷彿時間在青森屋這個地方是靜止流動的一樣。

▲到達三澤站的路上，窗外都是霭霭白雪。

▲一到旅館，服務人員立刻送上熱騰騰的蘋果汁。

▲迎賓的茶點跟旅館簡介。

▲房間很大，睡起來還算舒適。

▲八戸名產「仙貝鍋」。

▲將當地特色融入食物中的青森屋。

▲旅館推薦的早餐前5名，第4名的黑糖饅頭超級好吃。

值得一提的是，青森屋的晚餐、早餐，跟傳統溫泉旅館那種吃不飽的套餐不同，這邊的早晚餐都是台灣人最愛的吃到飽！雖然說是吃到飽，但東西一點也不馬虎，除了有八戶的名產「仙貝鍋」、帆立貝飯之類的鄉土料理之外，連醬油都有青森特產的蘋果醬油！很完美的將當地特色融入食物當中，如果家中長輩喜歡吃到飽的話，真的強烈推薦前往青森屋，這邊的晚餐一定可以讓他們滿意喔！

邊泡湯邊仰望天空——露天風呂

吃完晚餐後，就是青森屋的重頭戲啦！青森屋主打的就是露天浴場，圍繞著大浴場旁邊的樹木隨著四季景色都會變換，夏天是深綠、秋天則是滿面楓紅。我去的冬天則是有特別的ねぶた燈籠漂浮在溫泉上，算是青森屋冬天的風物詩。

泡在溫泉裡，上半身雖然很冷，下半身卻很溫暖，抬頭看著滿天的星星，想著人生每天拚死拚活的努力不就是為了這一刻嗎？旅遊對我來說不只是享受人生，而是為了讓每天辛苦工作的自己有個可以期待明天的動力。一趟旅程也許把錢都花光了，但回來後想著為了趕快能前往下一次的旅程，便會更努力工作存錢，不知不覺旅遊已經變成了我活著的意義之一了呢！

◀要記得帶房間內的毛巾，也要穿上浴衣前往喔！

露天澡堂入口。

前往宮澤賢治心中的烏托邦
宮澤賢治童話村

● **地址**：岩手縣花卷市高松26-19
● **交通方式**：東北新幹線「新花卷站」轉搭岩手縣交通巴士（土澤線）。
● **交通巴士時刻表**：http://bit.ly/2K1SYpB

▲坐上前往童話村的公車，出發囉！

岩手縣的花卷市除了著名的花卷溫泉之外，最廣為人知的就是這裡為日本詩人兼童話作家－宮澤賢治的故鄉。他的作品中很多都是用自己的故鄉－花卷市當舞台，創造出書中的イーハトーブ（IHATOV，烏托邦），最著名的作品就是「銀河鐵道之夜」、「要求很多的餐廳」，其中我最喜歡的就是「銀河鐵道之夜」這部作品，表面上像是充滿童話風格的作品，但實際讀到最後卻發現是個悲傷的故事，整部作品都充斥著一種為他人犧牲奉獻的概念。

宮澤賢治童話村就是將書中的概念實體化的地方，想要更加了解宮澤賢治內心的人，可以來花卷的童話村走一趟喔！

▲這一站下車後旁邊就是童話村，可以看的出來四周非常偏僻。

搭上銀河鐵道前往賢治的學校

來到童話村門口，立刻可以看到象徵銀河鐵道的銀河車站，從這邊開始通過天空廣場後就進入宮澤賢治的童話世界－賢治的學校。賢治的學校共分為5個區域，幻想劇場、宇宙的房間、天空的房間、大地的房間、水的房間，都是創造生命不可或缺的要素。

★幻想劇場

正中間放著一張「賢治的椅子」，也是童話村最具代表性的景象，這個劇場中透過光線跟效果音體驗宮澤賢治所謂的烏托邦，而地上都刻有宮澤賢治的詩句，站在裡面可感受到宮澤賢治的世界觀，不知不覺也跟著感動了起來。其實宮澤賢治跟一般的藝術家一樣，生前一點也不紅、作品也不廣為人知，直到他死後，朋友幫他整理遺作發表出來才被稱為日本的童話詩人。我想對於一位藝術家來說，沒辦法親耳聽到、親眼看到大眾對他作品的評價，一定是件很難過的事吧！

▲天空的廣場，這邊可以試著拍人漸漸變小的照片。

▲正中間就是賢治的椅子。

▲每個椅子下面，都刻有宮澤賢治的詩詞。

★宇宙的房間

離開幻想劇場後，會進入宇宙的房間，一進去伸手不見五指，抬頭只見滿滿的星空，而腳下是整片的反射鏡，所以你站在房間中就好像漂浮在宇宙中間一樣，有種不可思議的感覺。

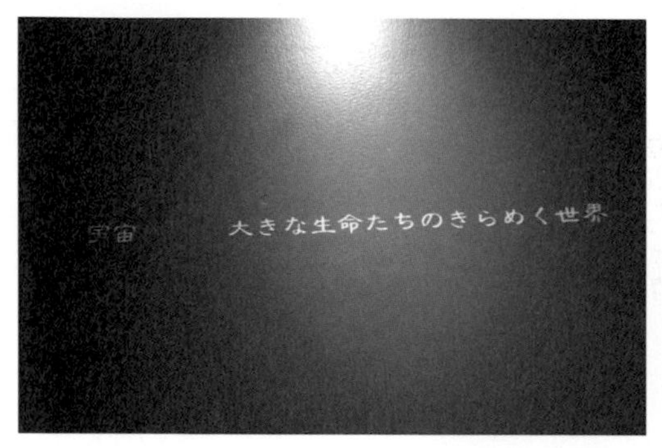

▲這裡就是宇宙的房間。

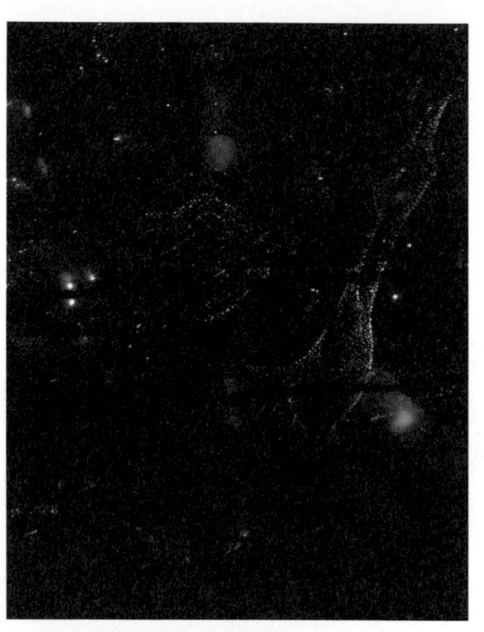

▲整個房間都布滿反射鏡，站在其中就好像身在宇宙正中間一樣。

★天空的房間

接下來會前往天空的房間，地板上內嵌40英寸的電視牆，可以想像自己成為風、成為雲朵，體驗從高空中俯瞰整個烏托邦的感覺。

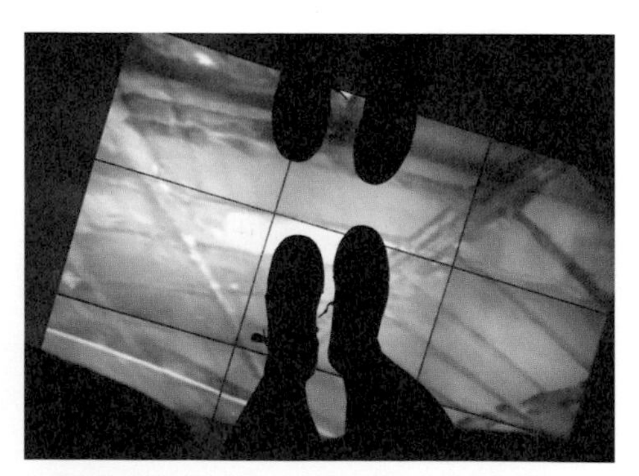

▲天空的房間可以體驗自己變成雲朵，俯瞰整個大地的感覺。

★賢治的教室

除了賢治的學校之外，這邊還有一排小木屋上面寫著賢治的教室，分別展示著在宮澤賢治童話中出現過的植物、動物、星星、鳥類跟石頭，當然還有不可或缺的周邊商品店（其實這才是重點吧XD）。

▲石頭的教室，裡面介紹著作中出現過的水晶跟石頭。

▲介紹星座的教室。

其實有看過宮澤賢治作品的朋友們，應該會發現當時流行的軍國主義思想、互相競爭意識等等，並沒有在書中出現，反而書中看到的是宮澤賢治對強者的嫌惡感、對弱者的獻身感，作品中流露出一種與世無爭的氛圍。除此之外，他本人終生未婚，給人一種純真無瑕的感覺，整個童話村也是散發出這種感覺，下次有機會去到岩手縣的花卷市時，別忘了順道繞去童話村感受一下宮澤賢治心中的烏托邦喔！

◀宮澤賢治最著名的一首詩「不畏風雨」，頭兩句特別用片假名表達，更顯示出創作者不想認輸的心情。

▶盛岡的吉祥物－わんこそば（WANKO SOBA）。

走進山林聽蟬鳴
山形山寺

▲從東京搭乘山形新幹線，出發！

- **交通方式**：從JR仙台車站搭乘仙山線約60分鐘，在「山寺」站下車步行即達。
- **山寺地址**：山形縣山形市山寺4456-1
- **門票**：入山費用300日圓。
- **注意事項**：爬上山頂約需要1個小時左右，記得穿輕便衣服前往。
- **山寺地圖**：http://bit.ly/2mO0pra

山形對台灣人來說應該是個不怎麼熱門的地方，頂多印象就是阿信（還是只有我這個老人知道）。它位於仙台的左邊，一個以櫻桃聞名的地方，從東京出發搭乘山形新幹線約2個半小時可以抵達。山寺這個地方有名在「俳聖」松尾芭蕉，曾經在這邊造訪過並吟詩，直到現在仍有許多遊客，想要一窺松尾芭蕉眼中所看到過的風景，站在俳聖曾經站過的角度，是不是能夠更貼近聖人一點呢？

一下車就看到超有氣質的太太們在迎接觀光客。

前往立石寺的玄關口 —— 山寺車站

山寺其實真正的名字是「立石寺」，前往登山口最近的車站是山寺站，山寺車站的外觀非常古色古香，一出車站可以看到周圍全部被綠意所圍繞，不愧名為「山形」！前往山寺的路上可以看到路邊在賣一種叫做力こんにゃく（KONNYAKU）的名產，看過高木直子《一個人旅行》這本書的我，一直很嚮往吃這種道地小吃。

路邊經過的日本大叔一直說好吃，叫我們一定要試試，結果吃起來有點像是蒟蒻，口感有點可怕，我覺得不太好吃耶，哈哈！除此之外，山形最有名的就是櫻桃跟西洋梨，所以一路上也有在賣這兩種口味的霜淇淋。說到日本的霜淇淋，真的是有各種奇奇怪怪的口味，而且很多是當地限定口味，所以我去日本各地旅行，必做的事就是吃當地限定口味的霜淇淋，各位走過路過、千萬不要錯過了（？）

◀很有古老味道的站牌。

▲一不小心就會把車站跟廁所搞錯……（喂）

▲一出車站，便有被山林圍繞的感覺。

▲力蒟蒻，味道真的不推薦……

▲櫻桃霜淇淋，超好吃喔！

追尋俳聖的腳步前往幽靜山林

順著路走很快就可以到登山口，入山費是500日圓，原本以為這裡這麼偏僻不會有人想來，沒想到還滿多觀光客的喔！從入口就是煉獄的開始，要一路爬樓梯爬到山頂，我們爬了半小時才到仁王門，爬到山頂大約需要1個小時的時間，當然跟個人的腳程也有關，像我這種很少在運動的弱雞就會爬比較久。

▲松尾芭蕉像。

▲蟬塚，相傳芭蕉翁的詩句就是被埋在這下面。

▲一路上都是這種讓人腿軟的樓梯。

山寺最有名的就是日本「俳聖」松尾芭蕉，在進行奧之細道紀行時有來過這邊，並留下「閑さや 岩にしみ入る 蟬の聲」這句名句。這句日本的俳句大意是「幽靜的山林中，蟬聲滲入岩石裡」，而上山途中真的有個地方叫做蟬塚，相傳芭蕉翁的弟子曾經帶著記有芭蕉翁詩句的短冊，來這邊緬懷老翁昔日的模樣，之後便把短冊埋在石頭下面，之後這邊便被稱作蟬塚。我還以為是這邊下面埋有很多蟬的屍體呢？

山寺除了以松尾芭蕉聞名之外，最有名的場景就是快到山頂之前的「開山堂」，開山堂供奉著立石寺創辦人慈覺大師，山崖下有個自然形成的石窟，慈覺大師的遺骸就被埋葬在下面。開山堂裡面放有慈覺大師的木造雕像，從早到晚香客絡繹不絕，而開山堂的左邊有個突出來的岩石，上面蓋有一間小小的紅色納經堂，是這座山中最為古老的建築物，而這聳立在懸崖旁的紅色納經堂，便是山寺最為知名的一幅畫面。

過了開山堂再繼續往上爬，就可以到達山頂的奧之院（如法堂），也是這條山道的終點，裡面供奉著許許多多的繪馬，繪馬上描繪著結婚典禮的場面及牽著父母雙手的小朋友，主要是為了憑弔結婚前就不幸過世的年輕人，以及尚未入學就夭折的孩童靈魂，來這邊的人不妨也雙手合十為他們祈求冥福吧！

1.供奉開山祖師的開山堂。 2.山寺的知名場景。 3.山頂的奧之院。 4.別忘了買個登頂紀念喔！

回程別忘了順道吃「米澤牛」

從山寺回來的途中會經過米澤這個地方，米澤以三大和牛其中之一的米澤牛聞名，所以我們決定中途下車吃個牛肉再回東京！米澤這個地方是上杉家所發起來的，所以米澤市內有上杉神社、上杉家廟等等許多與上杉家有淵源的史蹟。其中直江兼續是這邊的代表人物，關原之戰戰敗後，他便隨著景勝移居到米澤，並開始開發米澤這個地方，建立了許多制度，所以米澤市的人現在仍非常尊敬直江兼續。

我們選了車站附近的一間店吃牛肉鍋，小小一鍋要900多日圓，而且牛肉才幾片而已……留學生錢都用在刀口上，所以有吃過就可以了，不要求吃太飽（流淚）。或許是在眼前現煮現吃，感覺美味度加倍，而且牛肉入口即化，

曾經是上杉家城下町的米澤，到現在還是保留著上杉家的精神。

▲車站前的地板上，畫著米澤一年間的祭典。

▲肉質超鮮嫩的米澤牛，光看這張照片我又餓了！

夕陽下的米澤車站。

吃完之後肉的香氣還能留在口中，可惜沒幾片一下就吃完了，最後只好把肉湯淋在飯上假裝自己是在吃肉（留學生必備的就是紙箱桌子、淋肉湯配飯與大同電鍋）。

下次再去米澤我一定要點牛排，旅行就是要留點遺憾才有再去一次的理由對吧（我是不是不經意講出什麼名言）

▲一份套餐900多日圓，對當時還是留學生的我們來說真的很貴。

走入時光隧道前往福島合掌村
大內宿

- **大內宿街道**：福島縣南會津郡下鄉町大內山本
- **交通方式**：從JR「會津若松」站乘坐會津鐵道，在「湯野上溫泉站」下車。

1.4月～11月可搭乘合乘巴士「猿游號」約20分鐘，在「大內宿入口」下車，1,000日圓（1日遊乘車券）。

2.12月～3月只能搭計程車，約10分鐘，車資約2,000日圓。

▲光看這張照片好像時光靜止一樣，你說現在是江戶時代我也相信！

你可能有聽過合掌村，也知道它是去黑部立山時一定會順道去的地方，是個能代表日本的美景之一。但你知道其實福島有個景象跟合掌村很像，同時也被選定為重要傳統建物群保存地的「大內宿」嗎？自從福島核電廠出問題之後，各國其實都對福島敬而遠之，連最親日的台灣也不例外。震災之後，東北各縣的觀光產業確實都深深地受到了影響，這篇不跟各位談輻射只談美景，主要是跟各位介紹47都道府縣中，在我心中排行第3名的福島有多麼美麗！（順便跟各位說一下我心中第1名是青森，第2名是島根）。

▲前往大內宿的路上是深山，感覺隨時會有熊衝出來！

探訪會津城下的第三個宿場

來到大內宿之前，要跟各位介紹一下它的由來，從前那個年代沒有新幹線，所以會津城主如果要前往下野國（現在的日光地區），便只能沒日沒夜的走130公里的下野街道前往。這之間當然需要很多個休息場，其中大內宿就是離開會津城後的第3個宿場，這條下野街道跟大內宿在歷史上扮演很重要的角色，以前的藩主前往江戶參勤或是貨物運輸都要經過這一條路，甚至歷史上有紀錄說伊達政宗當初前往小田原參戰，以及後來豐臣秀吉前往奧羽下令處罰，都有通過大內宿的痕跡喔！

原本住在這邊的居民，主要靠著半農半宿的收入生活，但後來這邊蓋了兩座水壩，居民拿到了補償金、工業建設收入等等，漸漸變得比較寬裕了。昭和50年日本導入重要傳統建造物群保存地區制度，福島縣詢問了大內地區的人民想不想加入？於是這邊的居民重新鋪裝了街道、整修了屋頂、廁所浴室等等也都導入現代化設備。

▲前往江戶參勤的必經道路－下野街道。

▲以前的人要走這種路從會津一路走到東京……真慶幸還好我晚200年出生。

昭和56年，這邊被選定為重要傳統建造物群保存地區，是繼長野的妻籠宿跟奈良井宿之後被選定的第3個舊宿場，現在每年約有80萬的觀光客前往拜訪，每家也都從農業轉型成商業，開起土產店或是蕎麥麵店等等。

大內這邊的住民為了保存現有的建築物，住民憲章上還特別記載著這邊的建築物「不能賣、不能借、不能拆」的規章，而修理屋頂的技術則由老一輩傳承給下一代，讓世世代代都能保存這個景觀的完整。

▲背景明明就是江戶風，結果照片中間有兩位像是穿越時空的少女。

▲保存非常完好的歷史建物群，其實居民們真的都還住在裡面喔！

▲相信各位刀劍亂舞的嬸嬸們，看到「本陣」兩個字都會興奮吧？

我發現對於保存舊文化這點，日本真的很令人佩服！如果是在台灣的話，應該住民會群起抗議，說要拿補助金還要政府幫忙蓋新大樓吧？（我是不是知道太多了）

知道大內宿的歷史之後，走進這些建築物群之中就像走進時光隧道。不應該出現在這個時代的建築物中，會不會也走出一位不應該存在這個時代的武士呢？

▲這邊的河水就是最好的天然冰箱。

整條大內宿其實不長，一下就可以逛完了，而除了各式各樣紀念品之外，最有名的特產就是蔥蕎麥（用一根白蔥把蕎麥麵撈起來吃），有興趣的人可以試試，我吃過覺得有點可怕就是了XD。

另外，這邊的商店營業時間都只到下午5點，想來這邊體驗走進時光隧道氛圍的朋友們，要記得早點來喔！

▲山葡萄口味的霜淇淋！吃遍日本各種奇怪口味的霜淇淋是我的目標之一。

▲這邊居然有賣熊串？熊很可愛的啊為什麼要吃牠！

▲用超大一根白蔥撈蕎麥麵吃，是這邊的名物……

與藝妓閒話家常跳祭典
東山溫泉

▲從大門口就飄盪著一股濃厚的懷舊味道。

- **交通方式**：JR「會津若松」站乘坐會津巴士，於「東山溫泉」下車。
- **大內宿街道**：福島縣會津若松市東山町湯本110
- **會津巴士路線**：http://bit.ly/2AdVJo5
- **いろりの宿芦名**：http://bit.ly/2mMPeit

▶如夢似幻的盂蘭盆舞場景。

日本的溫泉地通常都離鬧區很遠，有些甚至還要上山下海，搭公車繞個九彎十八拐才到。但會津若松的東山溫泉意外的離市區很近，從車站搭乘周遊巴士就可以到了，以溫泉地來說交通算是非常方便。東山溫泉水質屬於硫酸鹽泉，相傳1300年前被僧侶發現，也被稱為奧羽三樂鄉之一，是歷史非常悠久的溫泉鄉。另外，東山溫泉又被稱為「會津的奧座敷」，由此可知這裡從以前就被視為招待重要客人最適合的地方。

彷彿與歷史會面的溫泉鄉

講到會津若松不得不提兩大重點－會津若松城、白虎隊，雖然跟東山溫泉沒關係，但這裡是個彌漫著濃厚歷史味的溫泉鄉，建議了解一下歷史背景再去享受會有一番不同的感覺。慶應年間，日本各地形成一種「倒幕派」勢力，打著大正奉還的口號要推翻江戶幕府，這時日本大致上分為兩派，會津藩跟桑名藩的幕府軍，對上薩摩與長州藩的明治新政府軍。

新政府軍在鳥羽伏見之戰取得勝利之後，讓倒幕派漸漸獲得實權，之後西鄉隆盛率領薩長兩藩從京都出發一路攻向江戶，逼迫德川慶喜投降，也就是歷史上的江戶無血開城。但內戰延燒到東北各地，主戰派的幕府軍退向東北對抗新政府軍，其中最重要的兩場戰役就是戊辰戰爭、箱館戰爭，而戊辰戰爭中一場很重要的戰役就發生在會津。

至於白虎隊就是為了對抗新政府軍，由當地15、16歲左右的男子所組成的自衛隊。本應該死守的會津若松城，面對勢力龐大的新政府軍最後也被迫開城，白虎兩隊約20人逃到附近的飯盛山上後，俯瞰著被燒成遍野的市中心、被攻下的會津若松城，心中充滿絕望便自刃在山上，其中只有一人存活下來。

不管是新選組還是坂本龍馬與西鄉隆盛，在歷史迷眼中都充滿著魅力，雖然新選組身為悲劇英雄比較廣為人

▲充滿歷史味道的旅店，我相信這個櫃子應該比我還要老。

▲老式溫泉旅館，廁所跟浴室都在外面。

知，但我個人還是比較偏向倒幕派的新政府軍。尤其是幕末的桂小五郎跟高杉晉作，這兩位可以說是推翻幕府的起義者，也是將日本導向明治維新的領航者，沒有明治維新就不會有現在強大的日本，所以每次看到倒幕派武士的故事時，我都會想說如果他們還活著，看到現在自由平等、沒有戰爭的日本時會有多欣慰，這是他們用盡一輩子在追求的東西，但是他們卻沒有享受到……知道這些沉重的歷史之後，再來造訪會津若松跟冬山溫泉，相信各位一定會跟我一樣有著不同的體會。

探訪百年歷史的古民家溫泉

東山溫泉當中我住的是有著120年以上歷史的古民家溫泉－芦名，那有點難推的斑駁大門，充滿著昭和的味道。內部也全部都是塌塌米，房間內雖然沒有廁所，但是非常乾淨，像是回到故鄉一樣，如同它的標語「忘卻時間、連繫時間、能感受時間的旅館」般，旅館內的時光就像是靜止了一樣。

▲好久沒有在日劇以外，看到這種裝置了。

房間內就跟老式旅館一樣，沒有洗澡間、沒有廁所，都要走出去外面用，而吃飯是採圍爐式的方式，豆腐、魚就插在旁邊火烤，像是阿信裡面會出現的場景，完全引起旅人的鄉愁啊！（現在的年輕人還知道阿信嗎？）吃飯的時候一群人跪坐在火爐旁邊，吃著眼前地產地銷的美食，東南西北的閒聊，彷彿自己是日劇中的一份子。

▲日本的米真的超級好吃，難怪他們都加點香鬆就可以吃整碗。

吃到一半時，有位藝妓走進來招待我們，藝妓妹妹跟穿著華麗的京都藝妓不一樣，東山藝妓的裝扮比較樸素，和服也是以黑色為主，上面有一些簡單的雕花，看起來非常有氣質。東山藝妓是會津這邊最高級的待客服務，從江戶時代開始，藝妓的技能都是由前輩親自傳授給後輩，就這樣傳承了幾百年。

每個藝妓會的技能跟招待客戶的方式都不同，那天來招待我們的藝妓名字叫作「花千代」，她很緊張的說，沒招待過都是女孩子的座敷，所以不知道怎麼面對我們（實在是太可愛了吧）！所以我們開始問她各式各樣的問題，比如說這個和服是自己穿的嗎？頭髮是怎麼用的之類……花千代說化妝跟衣服都是自己穿，但頭髮是直接戴頭套上去（這種商業機密跟客人說好嗎XD）

閒話家常之後，花千代展示了一段日本舞給我們看，跳日本舞的藝妓稱為「立方（Tachi-kata）」；彈奏三味線、唱民謠、打太鼓等等擔當伴奏的藝妓，則稱為「地方（Ji-kata）」，所以花千代應該是屬於「立方」的藝妓。一邊喝著酒吃著美食、一邊欣賞著藝妓跳日本舞，這根本就是人生最高享受啊！不過藝妓招待需要事先跟旅館預約，一名藝妓90分鐘約是15,000日圓。

▲不要臉的要求，跟花千代合照（羞）

▲跳起舞來的花千代表情非常嚴肅，像是換個人似的，這就是專業呀！

吃飽喝足跟花千代聊完天後，我們步行前往附近的夏季祭典會場，東山溫泉的盂蘭盆節舞。祭典的高台架在河川上面，藝妓們穿著浴衣帶著居民們繞著高台跳舞，整個看過去就是一幅如夢似幻的畫面。我們這些外地人，一開始不知道怎麼跟著跳，加上我本身有點肢體障礙，但當地居民都超級親切，非常熱情把我們拉進隊伍行列，還一步一步的教我們，途中還說我們真的非常幸運，遇到盂蘭盆節的最後一天，今天會特別熱鬧！

像是神隱少女中的一景，明天早上醒來一切都是烏有。

於是我就一邊手腳不協調的跳著舞，眼睛看著掛滿燈籠的高台、耳邊聽著大鼓跟大家的吆喝聲。我就像是闖進什麼時光隧道一樣，眼前的一切都那麼不真實。我覺得這就是旅行的醍醐味吧！拍出美麗的照片放在網路上當然也可以，但與當地人對話交流，甚至融入當地的生活更是非常難得，在我心中這才是真正的旅行！因此我不只一次慶幸還好自己懂日文，不用經由別人的口中就可以知道對話的原意，能了解的事情變多了、視野也變得更廣了。

大家圍繞著高台跳舞。

這裡的酒與拉麵也很有名
會津若松

▲可以供民眾參觀的酒藏，這裡「藏」用中文來講就是倉庫的意思，而喜多方是日本有名的藏之城市，因為保有很多江戶時代遺留下來的倉庫。

提到會津若松，相信一半以上的人都會先想到歷史，以及那些不得不屈服在時代洪流之下的義士們。但這篇的會津若松不談歷史，想要從比較輕鬆的一面切入，帶大家去看看其實這裡的酒與拉麵也很有名喔！愛酒人士可能知道新潟或是秋田的日本酒很有名（因為米很有名），其實福島的酒也是常常獲得金賞的其中一員。除此之外，喜多方拉麵也是來到福島不能不吃的一項，來到福島千萬不能錯過！

▶酒藏門口掛的這顆球是有意義的，每年上新酒時每家酒藏的店門口都會掛上翠綠的「衫玉」，告訴大家新酒已經釀好，等到這顆衫玉變成像照片這樣的褐色，就是品嚐美酒的最好時機，也是告訴大家可以來買酒囉！

\いこう!/

- **交通方式**：從東京出發，搭乘新幹線至郡山站（福島）轉乘磐越西線（會津若松行）至會津若松下車。
- **大和川酒藏北方風土館**：福島縣喜多方市字寺町4761（JR磐越西線的「喜多方站」步行10分鐘）。
- **會津巴士**：http://bit.ly/2AdVJo5

到大和川酒造店嚐清酒

喜多方這邊有很多間酒廠，我這次來到的是江戶時期創業的大和川酒造店。寬永年間創業的這間店，目前已經傳到第九代了，光想就覺得頭皮發麻，居然能持續做一件事這麼久！他們強調造酒用的米都是自家農田培育的無農藥米，明明是酒廠但為了造酒，連農業都開始有所耕耘，這就是日本人可怕的執著心。

這邊可以參觀的酒藏分為江戶藏、大正藏跟昭和藏，每一個都很有走進時空隧道的感覺。酒藏裡面除了可以看到以前製酒的工具之外，還有一些基本的釀酒知識。

大吟釀、純米大吟釀，這兩者有什麼分別呢？

如果名字前面加上「純米」兩個字的話，就表示製造原料只有米跟米麴，完全不含釀造酒精；反之則是有加入釀造酒精。

▲就像台灣做生意都會拜關公一樣，日本的釀酒廠都祭拜松尾大社的大山咋神（穀物之神）。

▲牆上有著非常詳細的製酒流程。

▲看起來非常古老的江戶藏！

逛完酒廠之後，最後當然就是實際試喝（其實這邊才是重點吧）！除了有年輕人比較能接受的調酒類，例如優格、水蜜桃、柿子口味等等，當然還有獲得金賞的「彌右衛門」，充滿大人味道的日本酒。不過想喝這款的話就要付試飲費，因為太高級了隨便給大家喝他們會虧本（喂～不要擅自下註解）。

吟釀跟大吟釀又差在哪裡呢？

兩者差在精米比例，吟釀是精米比例在60%以下，大吟釀則是精米比例在50%以下。這兩種並沒有一定說哪種比較好喝，不過大吟釀的發酵時間比較久，在情感上好像會覺得純米大吟釀比較高級XD！

▲現場有多種調酒和清酒可以試喝。

▲好想扛一盒回家啊！

日本三大拉麵城之一 —— 喜多方

札幌拉麵、博多拉麵大家應該都耳熟能詳，但很少人知道日本第三大拉麵是喜多方吧？喜多方拉麵跟台灣人愛吃的濃稠豚骨拉麵不同，大部分是以醬油或是味噌當基底。說到拉麵，我們公司的日本人覺得台灣人這麼愛豚骨拉麵很不可思議，因為講到拉麵日本人最先想到的就是醬油拉麵，可能是從小吃到大的關係，覺得醬油拉麵以外的拉麵都是邪道（好嚴重），豚骨這種味道太濃厚的他們反而吃不太習慣。

我去吃的這間まこと食堂（MAKOTO），是最初被以喜多方拉麵介紹的店，不過說是創始店應該也不可考了，因為這種東西就跟台中太陽餅一樣，每個人都說自己是老店、是創始店吧！

喜多方拉麵主要的配料除了叉燒之外，大多是蔥跟筍乾，麵體跟一般我們吃的豚骨拉麵用的細麵不一樣，是有點波浪造型的粗麵，吃起來很有嚼勁。本來以為這種拉麵店只有觀光客才很愛排隊，沒想到まこと食堂門口大排長龍的都是日本人啊！除了拉麵很有名之外，同行的日本人跟我們說這邊的味噌豬排也很好吃，但是我吃了一口之後認為……喜多方還是以拉麵聞名好了，味噌豬排完全看不到福井的車尾燈。

▲滿滿人潮的まこと食堂，日本人跟台北人一樣很愛排隊嘛！

▲安倍首相也有來過喔！

▲店面有昭和味道，感覺舊舊的，但麵真的好吃！

▲日本的拉麵比較少能吃到這種波浪造型的粗麵，有點像台南意麵的感覺。

▲味噌豬排整個大輸福井的ヨーロッパ軒（YO-ROPPAKEN），我心中沒有豬排能超越它！

持續參拜三年便能實現你願望
大山祇神社

- **大山祇神社**：福島縣耶麻郡西會津町野沢字大久保1445-2
- **交通方式**：從JR「會津若松」站乘坐磐越西線在「野澤站」下車，接著轉搭公車約10分即達。
- **公車時刻表**：http://bit.ly/2NOCDHa
- **鳥追觀音**：福島縣耶麻郡西會津町野沢字如法寺乙3533
- **交通方式**：前往方式同大山祇神社，只是要提前在「鳥追觀音前」站下車。

大山祇神社有個傳說－「如果有一生一次非常想實現的願望，只要每年都來大山祇神社參拜，持續三年參拜下去，山神便會實現這個願望」。從奈良時代就開始鎮守這個地方的山神，不論什麼願望都會為你實現，因為這個傳說太吸引人，所以來參拜大山祇神社的人絡繹不絕。

▲保佑水源水利、商業繁盛、長壽、良緣、安產等等多功能的大山祇神社。

▶位於山下的大山祇神社的遙拜殿。

大山神公主的傳說 —— 石頭與櫻花

大山祇神社的主祭神除了大山祇命以外，還有祭祀兩位女兒－岩長姬命、木花咲耶姬命。關於這兩位公主有個傳說，大山神想要把兩位女兒一起嫁給瓊瓊杵尊，也就是神武天皇的祖父，但姐姐岩長姬因為長太醜了被退貨，大山神聽了後很生氣，震怒說：「木花（即櫻花）雖美，但是壽命稍縱即逝；石頭雖醜卻能延命百歲，你選了稍縱即逝的美？那就永遠都活不長！」

所以歷任的天皇壽命大多都不長，相傳就是因為這個原因（難怪我覺得日本人都喜歡追求美麗但短暫的事物）。岩長姬命主要是掌管壽命的神明，美麗妹妹木花咲耶姬命則是掌管安產跟育子的神明，所以大山祇神社也可以求姻緣跟安產。

從山下的遙拜殿走到本社大約有四公里，沿途會經過瀑布、木頭參道等等，途中還有樹齡超過300年的杉木也是看點之一。有興趣親近大自然的朋友可以去試試看，但是蚊蟲會有點多就是了，記得要穿長袖、長褲喔！

▲參拜前要先淨身。

▲想要締結良緣，就交給木花咲耶姬命吧！

▲不管是大吉還是大凶都可以綁在神社裡，代表你與神明建立了關係、結了緣。

大震災後依然屹立不搖的福のしま（FUKUNOSHIMA）

參拜完大山祇神社後，附近還有個鳥追觀音寺一定要去走走。號稱西方淨土的會津鳥追觀音如法寺， 相傳是奈良時代一位旅行僧經過會津某戶農家時，看到農田被鳥獸破壞不堪、農夫也膝下無子，覺得他的處境很可憐，於是就授予農夫一尊觀音像。從此以後，那位農夫不但生了小孩，農地的鳥獸也被驅趕走了，最後農夫一家人死後受到這尊觀音像的引導，前往了西方極樂世界，從此之後這尊觀音就被稱為「鳥追觀音」，被大家所供奉著。

這座如法寺跟一般寺廟不一樣的地方在於，它是開東西向口，參拜者從東邊進來之後不用走回頭路，直接從西邊出口出去，象徵參拜著能前往西方極樂淨土。

▲鳥追觀音的仁王門。

▲仁王門前有好幾攤賣當地物產的攤販，大嬸們超熱情請我試吃。

▲這個東西長的超像控肉！感覺可以在沒錢時當作偽裝的菜色（？）

▲與物產大嬸合影，會津真的是個好地方，我一定會再來！

我們前往參拜的時候，門口有一些在賣當地物產的大嬸們，大嬸們超熱情跟我們聊天，聽到我們是從台灣來的非常驚訝，一邊拿東西請我們試吃，一邊說自從東北大震災後這裡就幾乎沒有觀光客，來參拜的大多是當地人。

在門口跟物產大嬸們聊天聊好久後，終於進去觀音寺參拜。這時住持突然走過來問我們是從哪邊來的（可能聽到我們講中文），聽到是從台灣來的後，超激動地丟下身後幾個月大的女兒，衝出來要跟我們講解寺廟的歷史。這位住持講話超級好笑，要不是他留光頭、身上穿掃地僧的衣服，我都覺得是在跟搞笑藝人講話吧？像是：「平常講解這些可是要收錢的，因為你們是台灣來的所以特別撒必蘇啦！」這類話語都出現了。

講解的過程中，他不時提到福島自從原發事件後還是一直深受影響，大家聽到要去福島都會說不好、那邊有輻射不要去，而我們這樣的外國人願意從47都道府縣中選中福島，並到鳥追觀音來參拜，他代表當地人謝謝我們。途中感覺得出來住持有點鼻酸，就算外國人慢慢淡忘了東北地震的可怕，但福島核災還是深植人心，一直到現在福島還是沒什麼觀光客想去。

我們造訪的那2小時，感受到住持真的非常開心，開心到願意丟下大哭的女兒也要衝出來招呼我們。我深深感受到這塊地就像觀光標語「福が満開、福のしま」一樣（幸福滿開、福之島），這邊的人們有著不畏災難堅韌的精神，也有著溫暖人們的福地，由衷的希望這麼棒的一個地方，能趕快脫離輻射的陰霾，幸福能像櫻花一樣滿開在福島各地。

▲祈求小孩平安長大的這尊地藏，被圍兜兜所塞滿。這邊不只是祈求小孩平安長大，求子也是非常有名的喔！

▲吉本興業轉職來的住持（喂不要亂講）～在為我們講解寺廟的歷史。

▲跟喜歡綾瀨遙的住持（我亂說的），與他女兒的合照。

搭乘「最強線」前往
鐵道博物館

▲跟地下鐵博物館不同，感覺這裡建設經費很足夠。

▲從大宮站轉乘一站，就可以抵達鐵道博物館。

提到日本不得不提的就是鐵路，像是東京都內的鐵路錯綜複雜，數量之多每每讓第一次去東京的人摸不著頭緒。或許是因為這樣才造就了日本許多鐵道宅，而且鐵道宅還分得很細，有時刻表宅、車輛宅、站名宅、喜歡實際搭車的宅……等等，他們都專業到讓你覺得不可思議。但是我這篇要介紹的不是這麼深奧難懂的宅宅知識，而是大人小孩皆能娛樂到的博物館。位於大宮的這個鐵道博物館隸屬於JR，所以裡面只能看到JR列車，如果你想看地下鐵（METRO）的話，就要前往另一個位於東西線葛西站上的地下鐵博物館囉！

- **鐵道博物館：**埼玉縣さいたま市大宮區大成町3丁目47番
- **交通方式：**從池袋出發搭乘「埼京線」約半小時可抵達「大宮」站，再從大宮站轉乘ニューシャトル線一站即達鐵道博物館站。
- **門票：**大人1300日圓，國小～高中生600日圓，3歲以上未就學300日圓。
- **官網：**http://bit.ly/2K3yrRp

 體驗東京最擁擠的地鐵——最強線

要前往大宮有很多種方式，但因為當初我們學校在高田馬場的關係，所以同學常常相約在池袋。池袋要前往大宮不用轉車就會到，但得要搭號稱東京都最可怕的一條線「埼京線」，這條線被東京通勤的上班族戲稱為「最強線」（兩者念法音同），埼玉的處境就有點像是我們的新北市、桃園市這樣，因為市中心房子太貴大家都買不起，於是都買在遠離都心的埼玉，尤其是大宮那邊，因為上班很方便一條線就可以直達市中心。

這樣的結果，導致上下班時間出現常常在電視裡看到的景像，車廂內人已經爆出來了，但站務員還是一直拼命把人往裡面推。我以前上學搭的山手線也很可怕，到池袋那段區間剛好是擁擠區間，所以我常常被擠到要踮腳尖站，最誇張的一次是外面的站務員一直推，我腳完全騰空而且手提袋離我大概30公分遠！但是住大宮那邊的同學，竟然跟我說這樣根本沒什麼，最強線上下班時間常常被擠到不能呼吸，腳騰空根本是家常便飯。很多人可能想問，既然這班這麼擠，幹麻不等下一班就好？我來告訴你，因為下一班依然還是這麼擠！你不管等多久車廂永遠都是這麼擠，那還不如早點擠上去、早點到學校或公司算了，這就是日本人的想法。

探索超氣派的大宮鐵道博物館

前面講太多廢話了，只要一提到鐵路我話匣子就會關不起來，雖然我沒有像是日本鐵道宅那樣狂熱，但比起一般人也算是個鐵道迷了，而且對於站牌情有獨鍾（陶醉）。抵達大宮站轉乘當地的一條室內軌道電車，一站就可以抵達鐵道博物館了，JR以前稱為舊有國鐵，1987年才改名為JR，想也知道經濟實力一定很雄厚，從外觀超氣派的鐵道博物館就可以窺知一二。

▲超可愛的ニューシャトル（NEW SHUTTLE）。

▲一出站就看到地板畫有時刻表歡迎大家！

▲入館用西瓜卡來嗶嗶即可。

鐵道博物館總共有3層樓，1樓是車輛展示區跟運轉體驗區、2樓是照片展示跟模型軌道區、3樓則是軌道的研究實驗博物館。

1樓：展示區超級大，放有很多淘汰掉的車廂，都能上去拍照，可以看到很多非現役的新幹線以及寢台列車，車輛宅的人一定會超級興奮。整體的布置就是充滿著大正～昭和風味，站牌的字體是用平假名的表達方式，看起來非常復古。

2樓：有一大塊區域是鐵道模型，模擬一整天東京車站車輛進出的狀況，原來一天中最早運行的車輛是開往新大阪的「希望號」，而且上方還有個螢幕可以看到模型上裝設的小型攝影機畫面，讓人有身歷其境的感覺。除此之外，這裡還展示舊國鐵一路發展到JR的歷史照片，甚至還展示第一張發行的西瓜卡跟第一台山手線的照片等等，讓我這種鐵道宅看了內心非常激動。

如果逛累了，1樓、2樓都有餐廳可以吃飯休息，另外鐵道迷千萬不能錯過的就是1樓的紀念品區，裡面超多鐵道相關周邊，像是站名資料夾、鐵道貼紙等等。我當時買了一個高田馬場的音樂鈴

▲超復古的站牌。

▲展示著退役的寢台列車。

▲有個螢幕可以跟列車合照，付錢的話就可以把照片印出來。

▲列車都可以真的爬上去，還可以演一齣情境戲（？）

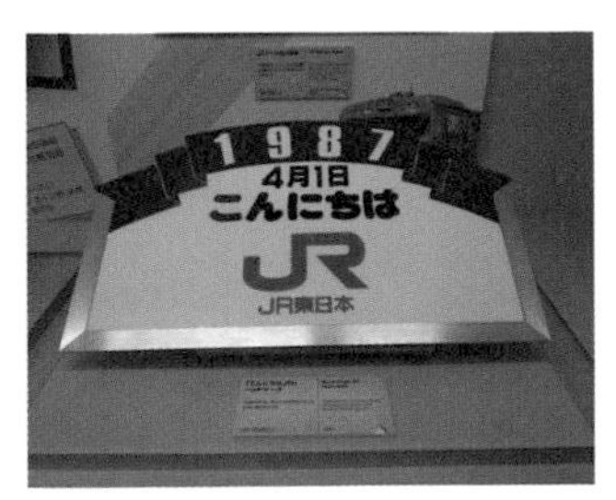

▲改名JR的那一年。

▲可以體驗搭乘的迷你新幹線。

吊飾，後來畢業回來台灣後每每想起日本的生活時，都會放這個音樂鈴來聽，腦海中浮現的不是快樂學生生活，而是在高田馬場被站務員硬擠進去車廂的窘境。喜歡日本電車的人千萬不能錯過，下次請在尖峰時間試試看搭最強線，體驗沙丁魚的心情（這篇不是在介紹鐵道博物館嗎？）

▲1樓的餐廳旁邊就是鐵道，吃飯的時候旁邊真的會有電車跑過去喔！

▲大家買的超可愛駅弁。

▲各種車站音樂鈴。

▲要不是看到這個風呂敷，我都不知道原來各站的剪票孔長的不一樣呢！

「那朵花」的聖地
秩父看芝櫻

\いこう!/

▲秩父站是個小車站。

- **芝櫻の丘（羊山公園）**：埼玉縣秩父市大宮6267
- **交通方式**：從池袋車站搭乘西武線特急，在西武秩父站下車步行20分鐘即達
- **賞花期**：每年的4月中下旬（時間不一定，可以隨時看官網上的開花情報）
- **官網**：http://bit.ly/2Lu06AK

秩父這個地方常常被當作動畫的場景，比較有名像是「我們仍未知道那天花的名字」、「好想大聲說出心底的話」這兩部。忘了是電視還是雜誌，有訪問過動畫製作組為什麼要選在這裡當動畫的設定背景？結果製作小組說，這裡就是給人好像在哪看過，但是又想不起來確切地點在哪，這種印象微薄的地方，最適合當動畫的場景。當初我看到這個採訪笑到不行，同時也可以看出東京人對埼玉的真實看法，就是個附屬在東京都周圍，讓人常常忽略的地方吧（沒禮貌）！

▲講到秩父，就不得不提這兩部動畫。

▲這邊連巴士的車身也可以看到動畫彩繪。

長在地上的櫻花也很美 —— 芝櫻之丘

從西武秩父出發，走到羊山公園的芝櫻之丘大約需20分鐘，反正出站之後跟著大家走就對了，在這站下車的人幾乎都是要去看芝櫻的。芝櫻原本是產於北美洲的一種草，因為花的形狀很像櫻花，加上又長在地面，於是就被稱為芝櫻，而日本人超懂數大便是美這句話，不只長在樹上的櫻花一定要種一整片，連這種長在地上的櫻花也種一整片，看起來就像地毯一樣啊！

▲羊山公園的入口。

不只芝櫻，鬱金香也美的像假的一樣！

▲像是鋪了地毯一樣，滿地的芝櫻（這還沒有開滿喔）。

顏色交錯的感覺，讓我想起北海道的富良野。

芝櫻的品種不一樣、顏色也不一樣，遠遠看就像拼布一樣有著各式各樣的色彩。另外，它每年都會增加種植的數量，目前約有40萬株的芝櫻，沒有密集恐懼症的朋友，下次來東京時可以排個秩父行程，順便將這個地方介紹出去，不然它在大家心中都沒有印象，實在太可憐了吧！

講到賞花就不得不提飲酒作樂，旁邊有很多小吃攤販可以滿足你的願望！

連車站內的伴手禮也都是「那朵花」

秩父這個地方開始被大家所熟知，完全是因為動畫的關係，不過這也是我覺得日本很厲害的地方，能因為嗅到一點商機就開始趁機推廣觀光。現在除了很多喜歡這個動畫的人，會來聖地巡禮之外，也順便帶動了周邊的經濟效應，從車站裡面的伴手禮全都跟這部動畫有關係就可以窺知一二。因為動畫的日文名稱被簡稱為あの花（ANO HANA，那朵花），所以這邊很多東西前面都會冠上「あの」兩個字，非常有趣。

▲想要嘗試動畫聖地巡禮？這裡的動畫周邊物會讓你買得很開心。

▲車站裡也貼有動畫的角色介紹。

▲超級可愛，會捨不得吃的餅乾！

▲很多東西前面都會冠上「那個（あの）」兩字……這就是「那個麵包」。

想要嘗試動畫聖地巡禮，不妨從秩父這個地方開始吧！嗯？你說我不用大概介紹一下這部動畫的大意是什麼嗎？我怕一介紹下去，原本好好的旅遊書就變成別的東西了（？）而且比起動畫的內容，真正讓我感動的其實是插曲「secret base~君がくれたもの~」，因為有了這首歌所以這部動畫更加分了，建議在前往秩父之前，先看完這部動畫再前往喔！

來場虔誠的胎內巡禮
善光寺

善光寺前的交叉點。

- **信州善光寺：**長野縣長野市元善町491-イ
- **交通方式：**東京出發搭乘北陸新幹線約1小時50分即可到達長野車站，從長野車站步行約20分鐘即達。（要注意JR東京廣域周遊券沒有包含到長野，一定要買東日本鐵路周遊券）。

舊名信州的長野縣位在本州中央隆起的部分，因為古時候行政區域範圍大多等同信濃國，於是又被稱為信州。長野縣地形多是高山跟高原，所以冬天時常常被大雪覆蓋，同時也是有名的滑雪勝地之一。

喜歡歷史的朋友一定對信濃國不陌生，武田信玄在這邊耕耘多年，建立了甲斐國，直到關原之戰後這邊才被收為德川家的領地。江戶時期，信州最繁榮的城市就在松本以及本篇主要提到的善光寺。

 擁有絕對密佛的信州善光寺

講到信州善光寺，在日本可以說是無人不知無人不曉，因為這裡是間沒有宗教流派的寺院，百無禁忌、誰都可以去拜，所以每年參拜人數都不斷往上增加。善光寺有一尊相傳是日本最古老的阿彌陀如來像，這尊佛像又被稱為「密佛」，顧名思義就是任何人都不能看到這尊佛像，只有寺廟的住持有機會親眼看到。不過每7年會舉辦一次善光寺「開帳」盛大儀式，只有那個時候一般的參拜者才有機會親眼見到佛像，但是這尊給大家看的佛像並不是密佛，只是

替身而已（講到最後就是這輩子都沒機會看到密佛啦）！

另外，放置密佛本尊的櫥櫃跟善光寺本堂一樣被日本列為國寶（看不到的國寶就對了），也是因為歷史非常悠久，所以江戶時代流傳著一句話「一生一定要去參拜善光寺一次」。跟伊勢神宮、金刀比羅宮一樣，都是一生一定要去一次的地方（日本人一生必去的地方是否太多），而那個眾生無緣得見的密佛，傳說曾經是由武田信玄保管，武田被織田信長滅掉之後，一度又落入織田家。本能寺之變後，密佛又落入了德川家康手中，只能說這尊密佛也太幸福，可以經過這麼多戰國名將之手！

▲從車站出發大概約20分鐘，也可以坐公車前往，但建議用散步的方式逛參道。

▲長野市的人群不多不少剛剛好，走在參道上非常的舒服。

參道上會遇到的第一個門－仁王門，上面寫的定額山是善光寺的山號。

從車站走到善光寺的參道稱為門前町，這邊一定要吃的就是烤餅（門前おやき），而且一定要野澤菜口味！烤餅吃起來像是台灣的水煎包，但外皮比較厚、野澤菜吃起來則很像台灣的酸菜，趁熱吃非常好吃。

除了烤餅之外，別忘了要買七味粉，日本有三大七味粉，一間是京都清水寺前面那條路上的七味家本舖、一間是淺草的やげん堀（YAGEN BORI）・中島商店、最後一間就是長野的八幡屋。我覺得八幡屋磯五郎因為位於偏冷的長野，所以味道比其他兩家重一點，還有一款唐辛子味，真的超級辣！連我這吃辣椒長大的都辣到流淚，所以千萬別以為日本辣粉都不辣（雖然大部分真的不辣）。

▲門前町的名物－烤餅，一定要趁熱吃才好吃，冷掉的味道有點可怕。

▲來這邊都會人手N罐的七味粉，是牛丼的好朋友。

神祕的戒壇巡禮，挑戰你的怕黑程度

▶自動販賣機可以買到內陣券，也就是戒壇巡禮入場券。

經過山門後就可以看到被香繚繞的木造建築本堂，本堂重建於1707年，目前是日本指定的國寶。但是來善光寺參拜並不稀奇，重點在於我們要前往戒壇巡禮！剛剛有提到過，善光寺的密佛是從來不見人的，但是有個方法可以讓你最接近祂，就是戒壇巡禮。本堂的裡面

▲我們背後就是被列為日本國寶的本堂，不能示人的密佛就放在裡面。

有個自動販賣機（對，你沒看錯，是自販機）在賣戒壇巡禮的票，一張500日圓，拿著這張票就可以藉由地下通道前往密佛的腳下偷摸祂。

那天我們買好票之後前往地下通道入口，正好看到前方有一群日本的進香團（？）正要下去，我們趕快緊跟在他們後面。因為密佛不能讓人看到，所以地下通道真的是伸手不見五指，進去後你只能緊緊的抓著前面那個人的衣服，像我就是被後面不認識的日本阿桑抓著。

我一路上都喊著好可怕想回家，因為那裡並不是直線，中間還會彎來彎去，根本不知道自己在哪。走到一半突然聽到一陣騷動，原來是快到出口了！這邊就是密佛的正下方，正下方有個像是鎖的東西，相傳摸到它就可以前往極樂世界（當然不是馬上），但是要摸到那個鎖可沒那麼簡單，很多人進去都是沒摸到就出來了，因為裡面超級無敵霹靂黑，不要說鎖了，我連自己在哪都看不到。

但走在我前面的同學有拉我的手去摸，所以那時候我摸到感覺像是發條娃娃後面的那種鎖，而且還可以轉，在一個凹槽裡面，若是沒人帶根本摸不到啊～我摸到之後就拉後面日本阿桑的手去摸，所以結論就是一定要跟在別人屁股後面進去，自己進去絕對會嚇死，而且摸不到鎖就無法前往西方極樂世界（聽起來好可怕）！

結束戒壇巡禮之後，記得去旁邊的御守區抽個男女籤，一次200日圓，除了籤本身金光閃閃之外，裡面還會附一句良言、一個漢字吊飾，個人覺得非常划算（大嬸心態），別忘了去抽支籤、壓壓剛剛戒壇巡禮的驚再回家啊！

▲籤打開後，會有一句良言跟一個漢字吊飾。

▲超有趣又划算的男女籤。

▲不知為何這邊的繪馬是懶懶熊，超級可愛！

▲趕快抽支籤壓壓驚吧！

日本國內便宜的移動方式——夜行巴士

●**預約網站**：https://www.jalan.net/
（我習慣訂東西都在同個網站訂，可以累積很多點數）

網站上不僅能預約夜行巴士，還能預訂飯店。

日本對於旅遊觀光客都非常優待，像是JR有外國人專屬的JR套票，日本人自己買可是貴桑桑呢！但如果今天你不是要坐車坐到飽，只是要去一個定點而且時間很趕，無法用青春18票券的時候該怎麼辦呢？我推薦便宜又準時的國內移動方法「夜行巴士」。

夜行巴士有點像是台灣版的國光號，從東京出發，到各種你想去的地方，北至青森、南至廣島（雖然只有本州），它不像青春 18 那樣花時間，因為巴士移動的時間就是我們本來晚上要睡覺的時間，我認為這樣真的很划算，但前提是你得是個平常坐客運就能睡著的人。

夜行巴士注意事項

1. 女生自己坐夜巴的話，建議選女生專用位，這樣可以保證坐在你旁邊的人一定是女生。如果你連在車上都不想看到男生的話，那就建議買女性專用車輛票，這樣全車就都會是女生喔！
2. 位置選擇也有差，看你是要坐3人1排、4人1排，因為4人1排的就比較擠。
3. 我平常是屬於那種非常好睡、給我1秒鐘就可以睡到流口水，但在夜巴上還是睡不著。因此如果你是屬於非常難入睡的人，也許夜巴不是你最好的選擇。
4. 夜巴安全性沒有火車跟飛機高，畢竟半夜開在高速公路上，出車禍的機率相對高。如果大家有看過仲里依紗跟他老公的定情戲「穿越時空的少女」，應該對電影裡面夜巴翻車事故印象很深，說真的，看完那部我有好一陣子不敢坐夜巴（抖）。
5. 夜巴最吸引人的地方，就是在於晚上出發，到達時剛好就是早上，可以無縫接軌的玩，體力很好的朋友可以嘗試看看。

★夜行巴士訂位教學

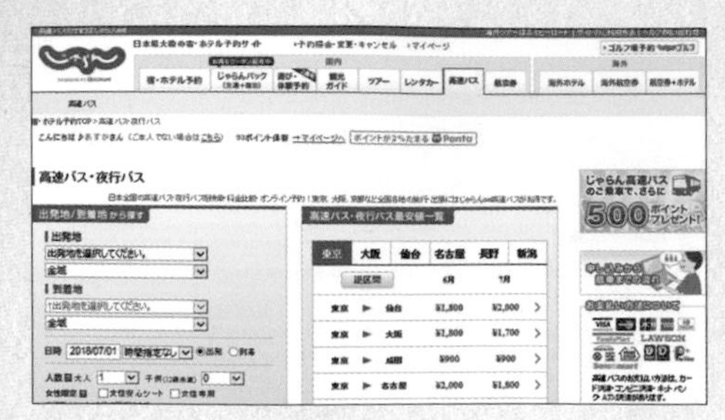

1 第一步先選你的出發地跟目的地。

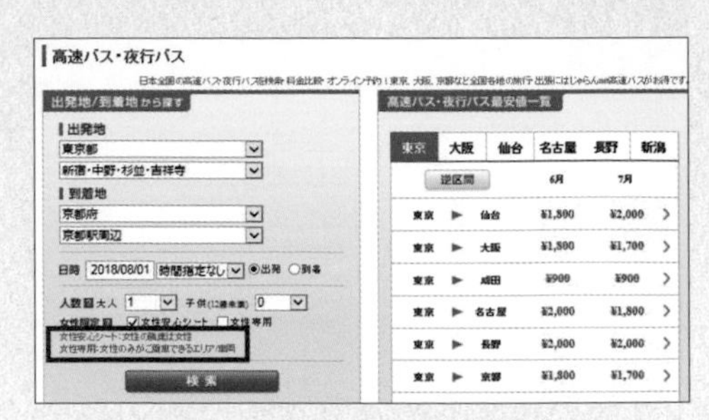

2 如果要周圍都坐女生請選「女性安心シート（SEAT）」，想要整車都女生就選「女性專用」。

3 接下來選一家車上設施你覺得OK的巴士（開往京都的車子通常都會比預訂時間早到，有一次5點就抵達京都車站，結果我在空無一人的地下街發呆等首發車……）

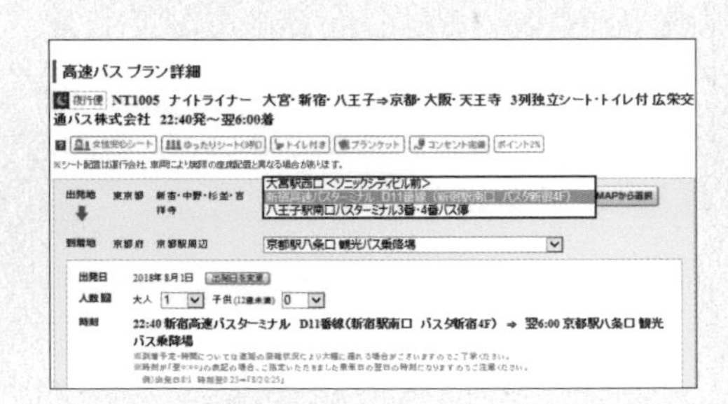

4 確認你要上車的地點。

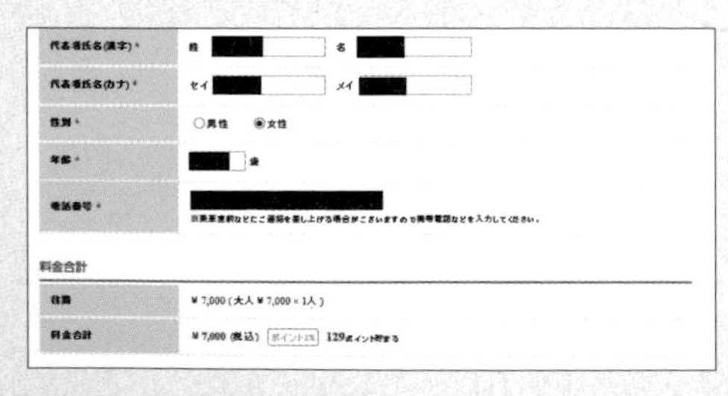

5 再來輸入基本資料。

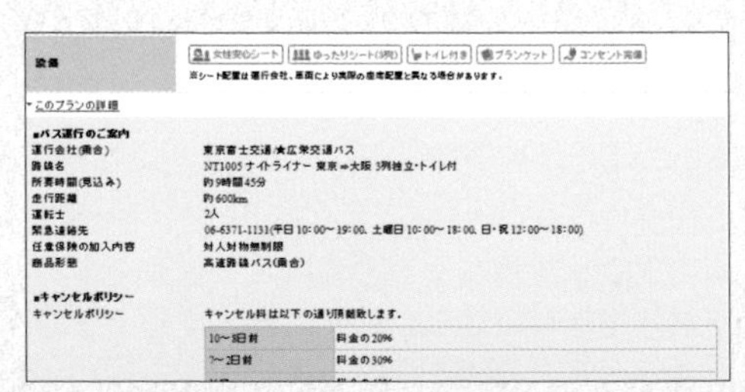

6 最終確認之後可以看到這趟夜巴的基本資訊，運行公司、路線名、行駛時間等等。（夜巴通常都會有2位司機輪流行駛）

お支払い方法

決済方法	以下の方法でお支払いいただけます。 [クレジットカード] VISA [コンビニ] LAWSON FamilyMart Seicomart [ネットバンク] じぶん銀行 住信SBIネット銀行 [ATM] 三菱東京UFJ銀行 三井住友銀行 みずほ銀行 ゆうちょ銀行 りそな銀行 埼玉りそな銀行 ちばぎん ※「全額ポイント払い」をご選択の場合、ポイントのみで決済いただけます。 ※お支払い手続き完了後、「マイページ」から領収書データを表示することが可能です。詳しくはこちらをご覧ください。

7 付款方式有很多種，可以選先刷卡後取票，或是跟我一樣便利商店付款取票。

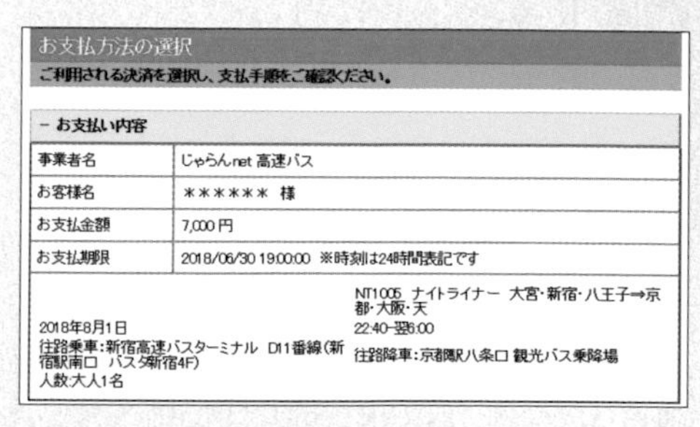
お支払方法の選択
ご利用される決済を選択し、支払手順をご確認ください。

－ お支払い内容

事業者名	じゃらんnet 高速バス
お客様名	＊＊＊＊＊＊ 様
お支払金額	7,000 円
お支払期限	2018/06/30 19:00:00 ※時刻は24時間表記です

2018年8月1日 往路乗車：新宿高速バスターミナル D11番線（新宿駅南口 バスタ新宿4F） 人数：大人1名	NT1005 ナイトライナー 大宮・新宿・八王子⇒京都・大阪・天 22:40-翌6:00 往路降車：京都駅八条口 観光バス乗降場

8 接下來頁面會連結到付款畫面。

コンビニでのお支払い

- ローソン LAWSON
- ファミリーマート FamilyMart
- サークルKサンクス
- ミニストップ
- セイコーマート Seicomart
- デイリーヤマザキ

9 選擇便利商店付款，假設點選LAWSON付款會自動帶入如何便利商店付款取票。

お客様番号	0853-503-977-9
確認番号	5601

最初に　Loppi端末から「各種番号をお持ちの方」のボタンを押します。

2番目に　お客様番号（0853-503-977-9）を入力し、次の画面へ
※入力時ハイフンは省く

10 畫面上會出現你的客戶編號跟確認碼，到LAWSON商店後找到一台叫作「Loppi」的機器，點選螢幕上方的「各種番号をお持ちの方」，輸入客戶編號跟確認碼，機台會吐出一張紙，拿著那張紙去櫃檯繳費後就可以拿到夜巴的票了（跟在台灣買高鐵票有87%像）。

高速バス 予約状況照会

予約中の高速バス

現在ご予約いただいてる高速バスプランは以下の通りです。

プラン内容	決済状況	乗車日時	料金
NT1005 ナイトライナー 大宮・新宿・八王子⇒京都・大阪・天王寺 3列独立シート・トイレ付 じゃらん管理番号：B0LCBFFS 予約番号：978997099394	未入金 支払方法を選択する	2018年8月1日	¥7,000(税込)

過去に利用した高速バス

今までにご利用いただいた高速バスプランはありません。

11 也可以在帳號中查詢到你目前預約中的夜巴資訊。

夜巴訂位常用單字

- **女性安心シート**：周圍都是坐女生（男生不能買）。
- **ゆったりシート**：寬鬆的位置（通常是1排3個位置）。
- **トイレ付き**：車上有廁所。
- **ブランケット**：附毛毯。
- **コンセント完備**：座位上有充電孔。

全日本最好吃的蕎麥麵在這
戶隱神社

▲到處充滿著大蜜蜂、大蜘蛛的神社。

◀要經過重重關卡才能抵達的奧社。

去完善光寺參拜後，喜歡大眾景點的人可以順道去輕井澤，但如果你跟我一樣喜歡與眾不同甚至想挑戰自己、超越自己、肯定自己的人，可以來一趟戶隱神社。前往這裡的方式很簡單，在長野車站前的7號搭車場，搭乘アルピコ（ALPICO）交通巴士即可抵達。這裡的另一個好處是，位在遙遠的戶隱高原上而且要爬山路，來回交通費又要2,400日圓，光這兩點就可以篩掉很多觀光客（喂）。

\いこう!/

- **戶隱神社**：長野縣長野市戶隱3506
- **交通方式**：從長野車站7號搭車場搭乘「ループ橋經由戶隱高原行き」的公車，路程約1個小時，於（寶光社宮前、中社宮前、奧社）下車，即可抵達。
- **官網**：http://bit.ly/2LW9GZg
- **時刻表**：http://bit.ly/2K3YTu2

位於信州戶隱山上的能量景點

前面提到要前往戶隱神社必須要坐1個小時的公車，如果大家以為是那種高級巴士，上面還有卡拉OK的話，那就錯了！載我們的公車是一台偏破爛的普通公車，而戶隱神社位在高原上面、要一直爬山，中間還有很多髮夾彎、斜坡又陡，公車還一度爬不上去……如果自認開車技術很好，當不了秋名山車神的人，我建議來開這一段，至少可以當個戶隱山車神（聽起來就弱掉）。

至於下車地點，你可以依照想爬山的距離來選擇，我們是在最後一站－奧社下車，不過從公車站走到真正的奧社還要再走1個小時，千萬要依照自己的體力、量力而為啊（語重心長）。

戶隱神社是由5個社所組成，分別是奧社、九頭龍社、中社、火之御子社及寶光社。這5個社所祭拜的神明都不一樣，所以可以祈求的庇佑也不太一樣，奧社是開運跟心想事成；九頭龍社是結緣；中社是學業成就；火之御子社是祈求才藝方面的進步；寶光社則是安產。戶隱神社也是日本神話中，天照大神躲進天岩戶讓全日本陷入黑暗的舞台，力大無比的天手力雄命，將天岩戶強力突破把天照大神拉出來，才讓日本

▲這是2012年的票價，2018年已漲價變成單程1,350日圓了……

▲一路像是在演玩命關頭一樣，公車終於爬到奧社了。

再度重見光明。

奧社最有名的就是那古木參天的參道，喜歡親近大自然的人一定會很愛這裡，但對於我這種能坐絕對不站、能

▲參道入口根本只看到樹，整個畫面都被綠色佔滿！

走絕對不跑的人來說，這邊真的令人崩潰，因為超多小蟲飛來飛去！朋友當時還笑我說，連這種程度都不能忍受的話，要怎麼去征服屋久島？（所以我到現在都還沒去過）。

這條約2公里長的參道，兩邊都是超過400年樹齡的杉木，也就是我們都輪迴了四輩子，這些樹還是在呢！走在參道中間，一邊吸著芬多精邊想著，搞不好上輩子我是位戰國武將，也來這邊參拜過；亦或我是位傾國傾城卻紅顏禍水的公主，最後只好出家來這邊當尼姑（你夢做完了嗎）？

▲奥社參道上的樹木都高聳到放不進照相機，把照片中的人當比例尺就知道了。

一定要來吃！全日本最美味的蕎麥麵

出發前在長野車站等公車的時候，旁邊遇到一群日本婆媽團，阿姨們主動找我們攀談問從哪邊來，還跟我們強力推薦戶隱的蕎麥麵，說是全日本最好吃的蕎麥麵！她們說為了吃戶隱蕎麥麵來了好幾次，當下覺得阿姨團是否太浮誇，蕎麥麵不就那樣，能好吃到哪去？

公車抵達奧社之後，一下車就會看到一間蕎麥麵店，我們當然就進去嚐嚐阿姨們口中的全日本第一。沒想到用了戶隱優質的水源就是不一樣，戶隱蕎麥麵真的好吃！連我這討厭吃蕎麥麵的人（我是烏龍麵派）也覺得好吃，不愧被稱為日本三大蕎麥麵之一！

剛好前一天我們在山形也吃了間蕎麥麵名店，比較起來戶隱的蕎麥麵比較細軟、更好入口，而且沒有我討厭的蕎麥味，吃起來就跟一般細麵差不多。難怪那些阿姨們，為了吃蕎麥麵可以忍受這麼多次山路顛簸的路程。推薦來戶隱神社的朋友們，千萬不要錯過了這邊的蕎麥麵！

▲這碗吃下去，才發現真的不是浪得虛名！

◀阿姨團大力推薦的戶隱必吃蕎麥麵，快來去試試！

千里迢迢前往奧社之路

前面有講到前往奧社要經過一條古木參天、蚊蟲飛舞的參道，本來以為這條平路一直走就可以走到奧社，結果過了40分鐘後，階梯出現了！原來還要爬山嗎？這心情怎只有一個「靠」字了得，但頭都洗一半了，現在也不能回頭，只好硬著頭皮往上爬了。陡峭的階梯爬了大概15分鐘，終於看到這次旅行的目的－奧社。

參拜完之後，不經意的回頭一望，發現我們所在之處已經比某些雲跟山還要高了……昨天才爬了山形山寺、今天又來爬奧社，我發現我在日本的生活每天都好健康，難怪從來沒有感冒過（遠目）。

▲兩旁都是樹齡超過400年的老樹，走到奧社大約有2公里！

▲官網地圖上寫從大鳥居開始走到奧社約40分，但實際上我們走了1小時，後面有一段還得爬坡！

▲感覺很接近雲，而且比某些山還高了。

奧社的主祭神就是把天照大神拉出來的－天手力雄命，而神社就蓋在峭壁旁邊，以戶隱山為背景，感覺就很靈驗的樣子，也難怪這麼多信徒不遠千里跑來這邊祈求開運、心想事成。途中朋友想上廁所，於是跑去問賣御守的人可不可以借廁所，結果這邊的廁所竟然在一片森林之中，還要撥開樹葉才能走進去！我在外面看到腳邊一堆大蜘蛛、大蜜蜂飛來飛去差點沒崩潰，而朋友回來之後說，那個廁所不能沖水是個茅坑，沒想到這個年代還有茅坑！奉勸要前往奧社的朋友，膀胱一定要夠力，不然就是不能怕蟲，否則會跟我一樣沿路崩潰尖叫（對，我承認我沒用，大家可以唾棄我）。

▶快被樹木淹沒的道路。

◀山上的蟲太多太可怕了，下山馬上買個蕎麥霜淇淋壓壓驚。

求姻緣的九頭龍神社，名字非常帥。

Chapter 2

關西＋北陸地區

擁有日本悠久文化歷史

跟著Asuka的腳步踏入源氏物語的世界，再去欣賞昔日繁盛的百萬石城下町、到日本恐龍故鄉看恐龍，還要帶你到能實現願望的靈驗寺廟參拜去！

世界文化遺産
宇治上神社

到日本恐龍故鄉看恐龍
福井恐龍博物館

▲車站牆壁也都畫滿恐龍，恐龍迷來這裡應該會很開心。

◀福井車站外面，好比是台中科博館。

福井這個地方台灣人可能不太熟，我還沒去過福井之前，對那邊印象就是刑事劇片頭的懸崖（你到底有多老）。第一次前往福井是公司出差，那時吃了ヨーロッパ軒（YO-ROPPAKEN）的醬汁豬排，震懾到說不出話來，人生中沒吃過這麼好吃的豬排！第二次去福井則是拜訪了世界3大恐龍博物館之一「福井恐龍博物館」，應該很多人不知道福井以恐龍聞名，建議下次前往那邊時，仔細留意一下車站的伴手禮、吉祥物等等，都可以看到恐龍的蹤跡喔！

● **福井縣立恐龍博物館：** 福井縣勝山市村岡町寺尾51-11 かつやま恐龍の森內
● **交通方式：** 從JR福井車站搭乘越前鐵道在勝山車站下車（約1小時），接著轉搭接駁車（約10分鐘）
● **門票：** 大人720日圓、高中大學生410日圓、小學國中生260日圓
● **官網：** http://bit.ly/2v8w7Ut
● **注意事項：** 鄉下地方列車班次較少，建議先查好回程的電車時間，畢竟勝山很偏僻回到市區還要1個小時。

恐龍博物館的玄關口——勝山車站

前往恐龍博物館的交通方式其實挺麻煩的，到福井車站後要轉乘當地的越前鐵道，這條越前鐵道只有一個車廂而已，真的是當地人才會搭乘的通勤鐵道。我造訪福井的時候是9月天，是個太陽出來的時候很熱，但太陽下山就會有涼意的天氣，但那時我差點沒被熱死在越前鐵道上，車廂窗戶都緊閉沒冷氣就算了，車頂明明就有電風扇卻沒有開……整整1個小時我都攤在位置上差點沒脫水。

◀只有一節車廂的越前鐵道。

▶車內沒有空調，只有車頂一座老舊電風扇，而且還沒有開！

意外的是，車廂內居然有車掌小姐，而且長得很可愛（你是變態嗎），我這趟旅程最懊悔的，就是沒有鼓起勇氣跟她合照。車掌小姐非常客氣的詢問乘客目的地，我跟她說要到勝山車站後，她馬上就回我說是要去恐龍博物館嗎？還很貼心的提醒我今天是平常日，接駁車比較少。

▲那天我買的是來回車票＋入場券的套票，只要2000日圓。

▶從勝山車站出來，就有恐龍迎接你。

1個小時後到了勝山車站，要不是四面環山，那復古的木造建築我還以為這邊是勝興車站。本來預期沒有接駁車的我，在車站拍照打發時間，這時那位車掌小姐，突然衝過來問我說是不是要去博物館？她特別幫我們叫了接駁車過來！那一瞬間車掌小姐看起來根本就是天使，本來要在車站打發1小時的我，就這樣無縫接軌順利前往恐龍博物館了。

▲超級復古的勝興……喔不，是勝山車站。

前往日本的恐龍基地——勝山市

▲千里迢迢，終於來到這裡了……

▲像是恐龍蛋的展示館，其實是高機能的建築物。

到達恐龍博物館後，一定會被那像是恐龍蛋似的建築物所吸引，其實為了保留這邊的挖掘基地跟化石地形，這棟建築物採用了一些特別設計。首先，入口一進去的3層樓手扶梯，是為了不破壞原本就有的高低差地形；而圓球狀的展示館，內部一根柱子都沒有，就是為了能讓自然光無遮蔽地灑在館內每個角落，沒想到連建築物都隱藏著這麼大的學問吧？

2000年開館的博物館，一直到現在都還持續不斷的在挖掘化石。在福井市挖掘出來的恐龍，最有名的就是Fukuiraptor，牠也是日本在世界上第一隻自己命名的恐龍，產地就在福井縣的勝山市，這也是日本在世界化石挖掘上佔有一席之地的證明。

常設展覽分為「恐龍的世界」、「地球科學」、「生命的歷史」，恐龍的世界有許多恐龍的標本模型及會動的恐龍、地球科學則是擺放了其他除了恐龍以外的化石、生命的歷史則是介紹了地球46億年的歷史以及哺乳類的演進。除了常設展覽之外，館內還有特別展、野外挖掘參觀團，不過這些都是要另外付錢的喔！當天因為天氣太熱，我就沒有報名野外挖掘團了。

▲讓人聯想到文湖線的3層樓電梯。

恐龍博物館的標誌物，是隻會動的暴龍！

▲日本第一隻自己命名的恐龍「Fukuiraptor」。

▲館內展示著許多恐龍標本。

館內比想像中的小，所以當天我逛的比預期快，想當然也沒有接駁車。於是我請館內服務人員幫我叫計程車回勝山車站，計程車阿伯聽到我是台灣來的非常意外，問我說是很喜歡恐龍嗎？不然為什麼特別跑來看。我在心裡反問，阿伯啊～福井不就是以恐龍聞名的嗎？不然要看什麼哈哈哈（？）然後阿伯又講了句更讓我跌倒的話，他說台灣就是那個在九州旁邊的對吧？我繼續在心中吐槽，九州旁邊又沒東西難道是指韓國嗎？再來，你不知道台灣在哪還跟我聊的那麼開心！於是我有點無力地回說，台灣在沖繩再下去一點的地方。結果他竟然回：嗯？那邊還有東西喔？

我就在這麼有點無力的情況下，回到了勝山車站，沒想到福井行居然會結束在這麼令人無力的對話下，把我早上車掌小姐的美好回憶還來啊！

其實滿多日本人搞不清楚台灣在哪，尤其是比較鄉下的地方，更不要說他們根本分不清楚中國、台灣有什麼差別，阿伯不是我遇到的第一個，相信也不是最後一個。

▲館外放眼望去，除了山還是只有山……

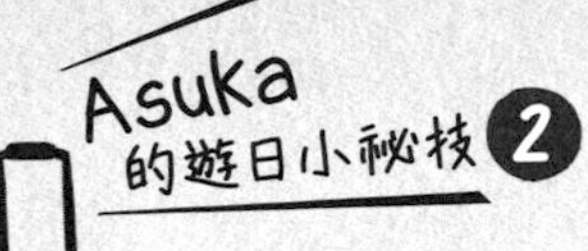

不再青春也可以使用的青春18

- **價格**：11,850日圓
- **使用期間**：春2018年3月1日（週四）～4月10日（週二）；夏2018年7月20日（週五）～9月10日（週一）；冬2018年12月10日（週一）～2019年1月10日（週四）。
- **銷售期間**：春2018年2月20日（週二）～3月31日（週六）；夏2018年7月1日（週日）～8月31日（週五）；冬2018年12月1日（週六）～12月31日（週一）。
- **官網**：http://bit.ly/2MEpOSE

每個人都會有一種自己喜歡的旅遊方式，我最喜歡搭電車旅行，坐在窗邊看著沿途的風景，每一分每一秒都是我與日本的一期一會，完全都捨不得睡覺也睡不著，有時還會中途下車，在無人的車站發呆，或是坐在路邊看來來往往的人群，這些我都覺得非常有趣。如果你跟我一樣屬於這類型的旅行者，強烈建議你一定要搭青春18！

▲每張票總共有5格可以使用，可以很多人一起用也可以自己全部用完，從戳章可以看出旅途停靠過的站。

什麼是青春18？

每年會配合日本學校的春假、暑假跟寒假所推出的JR票券，一張票券的價格是11,850日圓，有5格可以任選5天使用，也就是1格2,370日圓。你可以選擇自己使用這5格，也可以5個人一起使用同一張。每格的使用期限就是到當天的半夜12點，在那之前JR全線普通列車都讓你坐到飽，只要出示票券給站務員看即可。若你是半夜12點正在列車上的話，那就是算到12點後的第一個列車停靠站為止。

青春18的使用方式

看到這個名字應該很多人都誤會是不是有年齡限制，其實真的沒有年齡限制喔！我覺得這張票券名字取的很好，有了這張票券你可以從JR北海道一路通行無阻坐到JR九州，途中你想下車就下車，當天半夜12點內你高興想坐到哪停靠都可以，這就是青春啊！何謂18？這張票券只限於用在普通列車，顧名思義就是要你慢慢來，我最遠試過早上從京都出發，晚上10點多抵達東京車站，因為我中間在靜岡溜躂了一下，如果中間都沒停頓的話，大概下午5點多就到了。我們18歲的時候什麼都沒有就是時間最多，所以「青春18就是一張可用超便宜價格長距離移動，但是會消耗光你的體力跟時間的票券」！

★時刻表查詢方式

利用「ジョルダン（JORUDAN）」，也就是台灣人熟知的「乘換案內」APP，進入網站之後，有個專門給青春 18 使用的查詢系統，點到那個頁面直接輸入今天的始發站跟抵達站，自動會幫你找出沿線的轉乘車站跟發車時間。

假設起始站選「京都」，抵達站選「東京」，輸入你要的出發時間，就可以看到中間有6個轉乘點，轉乘的時間大多都很短，很多時候都必須站在車廂門口預備起跑，門一開就衝出去找下一個月台。

有很多人覺得這種玩法很無聊，幾乎都在坐車，但是真的可以用超低的價格移動很遠的距離，想想看從京都到東京連夜巴都沒有這麼便宜了，2000多日圓竟然可以從西日本移動到東日本呢！它的缺點就是在車上不太能睡覺（因為怕坐過站），還有就是會花上一整天的時間，不像夜巴是到達當地之後馬上就可以接著跑行程。

◀乘換案內上面選擇「青春18」，會自動幫你選擇普通列車。

◀輸入出發時間跟車站後，會自動帶出中間經過的轉乘站跟轉乘時間。

跳上電車來趟途中下車之旅

在我還是窮學生的時候，我搭乘過2次青春18。第一次想說沒有試過這種整天搭車的體力活，不如先來個短程，於是從東京出發在名古屋停留，然後再以名古屋為出發點，去靜岡跟三重，都是當天來回，回東京後因為還剩下1格，結果就又跑去木更津。

有了第一次的經驗之後，第二次我們就嘗試比較長距離的，從博多出發前往東京，中間在京都停留一晚。從博多出發的話，再怎麼樣當天12點前都到不了東京，一定要在中途選個地方住一晚才行，而且車上常常都沒位置坐，沒有18歲的身體真的無法負荷！

講了許多缺點，應該很多人想問那幹麻還要用這張票券？因為我是很喜歡坐電車旅行的人，在車上除非真的很累，不然我都捨不得睡覺。日本的茶道用語有句話叫作「一期一會」，意思是在這場茶道相會的人們可能一輩子只有一次，所以每次茶會賓主都要拿出自己最大的誠意。對我來說搭電車旅行也是，在這站交會的人們可能一輩子也不會再見面，每一站看過的風景可能下次也不會再來，所以每一分每一秒都是我的「一期一會」。

雖然中間轉乘真的很累，有時候只有4分鐘的轉乘時間，卻要跑過好幾個月台，事後回想覺得這種旅遊經驗真的非常難得，不是每趟旅程都需要用到新幹線，偶爾途中下車看看旅途中的風景，也是旅程的一部分！

青春 18 每次在日本發售時都會搭配海報，我很喜歡 2003 年冬天的標語「沒有經歷足夠冒險的話，就沒辦法成為一個很棒的大人唷」，為了成為一個很棒的大人，今年就試著搭青春 18 去旅行吧！

▲青春18迷可以看這本海報集，裡面收錄每季青春18海報。

▲第一次挑戰青春18是從東京到名古屋，完全是兒童等級，下次想挑戰從九州到北海道！

▲青春18的海報，都會讓人看了迫不及待想馬上拿行李出發。

▲裡面我最喜歡的一張海報就是這張，是不是準備好要冒險了呢？

昔日繁盛的百萬石城下町
金澤茶屋町

古色古香的金澤街道。

● **茶屋町**：石川縣金沢市東山
● **交通方式**：巴士站「橋場町」下車徒步10分即達
● **北鐵巴士路線圖**：http://bit.ly/2O0vV0I

這篇要跟各位介紹的是10個去過金澤的人中，有11個人一定會去的ひがし茶屋街（算術怎麼算的）。這邊曾經是江戶時代最大的加賀藩城下町，那時加賀藩更被譽為是「百萬石」（「石」是計算俸祿的單位）。

加賀藩的藩主是前田家，雖然他沒有德川幕府的參政權，但因為他與德川家有很深的姻緣關係，所以前田家第四代開始，每個藩主都取了將軍名字中的其中一個字，且是所有大名中收入最多的藩，跟德川御三家的待遇差不多。但是我本身不是很喜歡加賀藩，因為幕末時加賀藩本來是德川慶喜方的支持者（廢話他領人家那麼多錢），結果在伏見鳥羽一戰後就倒戈去新政府軍加入倒幕的行列。

▲金澤周遊巴士會繞城下町一圈，便能前往所有知名的觀光景點。

雖然說倒幕是不可逆的時代潮流，但我對這種背叛者實在很嗤之以鼻，後來明治時代前田家還當上了侯爵，我只能說做人該當牆頭草才能活得久、活得好吧（警世文）。

充滿文化與故事的金澤城下町

天正11年，前田利家進入金澤城，周遭的街市也漸漸發展成城下町而繁榮起來。講到金澤就不能不提到能樂，第五代的藩主前田綱紀改流成寶生流之後，「加賀寶生」便代代受到保護及愛好。另外，領土內的人民只要學會「謠」（就是能樂上演時，在旁邊敲著節拍吟歌的人）便可以得到獎賞，於是每個領民幾乎多少都會唱上一兩句，甚至連庭師、修屋頂的人，在工作中隨便都可以哼上個幾句，於是金澤便有了「從天上會降下歌謠」的美名。

北島三郎的「加賀の女」中，也有一句提到「歌が降る降る加賀宝生の」（譯：加賀寶生的歌從天上落下）。人家是從天上降下雨，金澤則是從天上會降下歌謠，甚至現在金澤的中學生，也有一門課程是鑑賞能樂喔！如何？是不是個很有文化、風雅的城市呢？

金澤市內有3個茶屋街，分別是東茶屋街、西茶屋街跟主計茶屋街，這裡曾經是百萬石的城下町，因此來消費的都是有錢的大爺，於是這邊也發展出自己獨特的茶湯文化。另外，這裡的建築物外觀大部分都使用暗紅色，內部則用

磚紅色的建築，可用來區別一般民宅與茶屋。

▲金澤最有名的金箔化妝品店。

▲看到加賀藩御用，有種抵擋不了的吸引力啊！

▲偶遇在太陽下笑瞇眼的柴犬。

◀來金澤必吃的金箔霜淇淋，但太貴了我吃不起～於是我吃了沒有金箔的版本，味道跟一般霜淇淋一樣（窮酸嘴臉）。

青色裝飾，這兩種都是一般民家禁止使用的顏色，所以一眼就可以分辨出一般民宅跟茶屋的差別。

除此之外，金澤也以盛產金箔為名，所以這邊有很多以金箔為名的食物，比如說金箔霜淇淋、金箔吸油面紙等等，來這邊記得千萬不要錯過（但我個人覺得吸油面紙不好用就是了）。

與淺野川暮色作伴的主計町茶屋街

在東茶屋街隔一條馬路的對面，有著一排與河川比鄰的茶屋街，這邊就是主計町，這個町名的由來是在大坂夏之陣、冬之陣中，立功的富田主計重家住在這邊的關係。富田家在戰國時代本來是侍奉朝倉家，朝倉家被滅之後就變成了前田家的家臣且深受重用，明治年間這邊發展成遊郭，與東茶屋街、西茶屋街並稱為3大茶屋街之一。

主計町與其他茶屋街，最大的不同就在於它面淺野川而築，而且有很多石疊小路，與另外兩大茶屋街別有一番風情。很多文學作品都以這邊為舞台，比如說五木寬之的「淺の川暮色」，描寫新聞記者與少女的戀愛故事、泉鏡花的「化鳥」跟「照葉狂言」中，也有出現主計町的中之橋。我來這裡的時候，也站在這座中之橋上發呆思考人生，可

站在橋上看著曾經繁盛一時的百萬城下町，
橋墩依然在，不見故人笑。

▲淺野川大橋，可以站在橋上欣賞淺野川的夕陽。

▲泉鏡花的小說以這邊為背景，所以這邊也有條鏡花之路。

▲主計町這個地名一度被取消後來又復活，或許學會計的人只會想到主計處（崩潰惡夢）。

惜沒有新聞記者走過來跟我搭訕就是了（喂）。

金澤茶屋町就是個這麼有文化與故事的地方，從戰國到德川幕府、從德川幕府瓦解日本走向自由的明治大正時代、從大正到征戰不斷的昭和，茶屋町今日依舊默默的守護平和的平成時代，等待著下一個年號的輪替。

▲彷彿時光靜止般，主計町仍散發著歷史味道。

來到哆啦A夢的故鄉
歷史古都高岡

- **高岡大佛**：富山縣高岡市大手町11-29
- **高岡市官網**：http://bit.ly/2OBrRoy
- **哆啦a夢路面電車**：http://bit.ly/2KgMwLp
- **交通方式**：
  1. 從東京出發搭乘北陸新幹線直達「新高岡站」，車程約2小時20分。
  2. 大阪跟名古屋出發需在金澤轉車，車程約3小時，再從新高岡站轉乘JR城端線約3分鐘抵達高岡站。

一到富山車站，就會受到熱烈歡迎！

高岡對台灣人來說，應該是個滿陌生的地方（其實應該整個富山縣都是），但如果講到哆啦a夢，就一定不會有人不知道了吧？高岡市正是哆啦a夢的作者－藤子.F.不二雄的出生地，他在這邊度過他的少年生涯，後來帶著漫畫夢上京追尋屬於他的未來，帶給後世這麼棒的作品。

小時候我每次經過雜貨店，都會要求媽媽買本10塊、30塊的哆啦a夢給我，想當年大雄可是我的偶像呢（從小就悟出什麼都不會靠別人最好的真理），所以高岡市這邊有很多哆啦a夢的軌跡，除了有銅製雕像之外，高岡市的路面電車「萬葉線」也有一台哆啦a夢列車，從一出車站就可以看到這些熟悉的人物囉！

▲「日本的美就在北陸」穿上宣傳口號服的工作人員，熱烈地迎接遊客。

▶從富山站轉乘あいの風とやま鐵道，即可抵達高岡站。

銅器與詩歌共存的「國寶之町」

▲高岡車站一出來，就可以看到這尊銅鑄的哆啦a夢郵筒，是真的可以寄信喔！

▲車站前的哆啦a夢散步道，作為藤子.F.不二雄的誕生地，這裡隨處可見哆啦a夢的角色。

高岡是個工業城市，尤其以銅器跟漆器聞名，起源是因為加賀藩主進駐高岡城時，為了要讓城下町繁榮起來，特別請來了7位鑄造師，將鍛冶技術帶進來高岡市。於是從車站一出來，就可以看到大家熟悉的哆啦a夢銅鑄的郵筒、哆啦a夢廣場的角色雕像，而商店街沿路各式各樣的雕像，讓人完全可以感受到這邊濃濃的工業風。

除了銅器之外，高岡也是很有文化的城市，這裡的路面電車稱作「萬葉線」，也就是有著哆啦a夢車輛的電車。對日本有點研究的人，應該會覺得好像在哪聽過這個名字？沒錯，這名字就是從日本現存最古老的和歌集「萬葉集」來的。據說編制萬葉集其中一人的大伴家持，在高岡赴任的5年間於此留下許多詩歌，也因此高岡被稱為「萬葉的故鄉」，到現在高岡還是每年都會舉辦「萬葉祭」，祭典上會詠唱萬葉集全卷總共20卷，是不是個很有文化的地方呢？

1.車站前就可看到大伴家持像，而路邊也有許多銅鑄雕像。
2.超級可愛的哆啦a夢列車，出入口是以任意門為範本。
3.電車內裝也是以哆啦a夢的藍色為主。

來高岡看日本第一美男大佛像

講到日本的大佛，大家應該都聽爛了，就是奈良大佛、鎌倉大佛，但大家一定不知道高岡的銅鑄大佛，跟前面兩尊並稱為日本3大佛吧？說真的我原本也不知道，是到了高岡在觀光案內所翻廣告紙時才看到的（也太隨便），而高岡的這尊大佛運用了高岡當地著名的銅鑄技術，花了30年才鑄造完成，也是職人們的技術結晶。

祂不像奈良大佛、鎌倉大佛一樣放在寺廟中，必須先付門票錢才能一睹風采，高岡大佛反而是很平凡的佇立在住宅區中。當初我從車站一路google map穿梭在巷弄間找尋祂的身影，結果一轉彎就看到祂在路邊，而且這尊大佛因為五官非常端正，所以又被歌頌為日本第一美男大佛（擅自這樣幫別人取稱號，你們有想過奈良大佛、鎌倉大佛的心情嗎）？

▲住宅區中轉個彎，突然就看到大佛近在眼前。

▲號稱日本第一美男的大佛，如何～帥嗎？

美到登上青春18海報
雨晴海岸

▲高岡車站聽起來是個小站，但意外的車站建物卻很新、具有現代感。

▲照著上面的譜面敲，就可以敲出高岡車站的發車鈴聲喔！

講到富山縣大家對它的印象，可能就只是黑部立山的玄關口吧？其實富山一直以來在台灣人心中比較默默無名（好失禮），但這裡的高岡市有個海岸，美到二度登上青春18海報，就像愛媛縣的下灘一樣，看到海報上的雨晴海岸，讓人不自覺的就想跳上電車前往遠方旅行。像我這種青春18迷，來到富山縣最重要的不是前往黑部立山，而是一定要前往雨晴海岸踩點（好吧你可以說我是怪人）！

- **雨晴海岸：**富山縣高岡市太田雨晴
- **交通方式：**從高岡車站搭乘JR冰見線約20分鐘即達「雨晴」站，步行約5分鐘即達雨晴海岸。
- **查天氣網站：**http://bit.ly/2Kgtgh2
- **注意事項：**出發前先查好天氣，下雨天去那邊只能吹風、淋雨、聽海哭囉。

早期運送貨物的懷舊鐵路 —— 冰見線

要前往雨晴海岸就必須要在高岡市換乘冰見線，這條全長才16.5公里的當地鐵道，起站為高岡站、終點則在冰見站。當初隨著北陸新幹線的開通計畫，2010年時曾與當地的自治團體討論要廢止這條一直虧損的鐵道，但2012年北陸新幹線開通之後，JR西日本還是決定把這條鐵路保留下來，而且時刻表也沒有太大的改變。

從高岡車站開始，沿線會經過高岡城、古城公園這些比較熱鬧的市內地區，接下來到能町站就是運送貨物的據點車站，而冰見線會經過的地方大部分也是工業園區，因為這條鐵路原本開設的目的就是為了運送貨物。

抵達越中國分站，通過雨晴隧道之後，列車開始沿著富山海岸奔馳，隔著車窗可以看到無邊無際的日本海，不自覺就會在車上開始思考起人生。越中國分站的下一站就是雨晴站，也就是這篇要介紹的雨晴海岸下車地點，雖然這是個很小的無人車站，但因為海岸非常有名，所以在這站下車的人還不少喔！

▲冰見線是條當地的舊鐵路。

過了隧道後鐵路就開始沿著富山海岸奔跑，途中會離女岩非常的近。

▲唸法非常可愛的雨晴站。

運氣好才能看到的立山連峰

從雨晴車站下車後，你會發現這個站真的又舊又小，而且一出站就身在住宅區的正中間，如果沒有事先上網查怎麼走到海邊，可能會在車站門口有點迷失方向。但是別擔心！一出車站就會看到對面有個路牌寫著「雨晴海岸入口」，從這個指標對面的小路走進去就對了，途中經過鐵軌後不久，就可以看到前方一望無際的日本海。但是我去的那天是陰天，網路上一堆強者都拍到女岩後面一排美麗的立山連峰，但我當天只拍到烏雲密布後面什麼都沒有（心累）……又因為我是自己一個人去，不小心就想寫信告訴別人今天海是什麼顏色（因為太無聊沒人可聊天）。

走著走著就會遇到義經岩，相傳這邊是源義經一行人經過時正好遇到大雨，

▶日本各地的人孔蓋都畫有當地特色，下次大家可以注意看看。

出車站後會到住宅區的中央，有點讓人摸不著頭緒，但跟著指標走就沒錯！

於是就在大岩石下面躲雨等待天晴，這也是叫做雨晴的由來。理由是不是聽起來很美？雖然叫做雨晴，但其實當天我想幫它改名為雨天，我去日本幾百次真的都很少遇到下雨（因為我不會在梅雨季去日本），印象最深的就是宇治去2次，2次都遇到暴雨，再來就是這次的雨晴海岸……

雖然這裡被我講得好像很無聊，但晴天時真的很美，還在2014年被選為僅次於松島最美的日本海灣（其實大家有覺得松島很美嗎？我整個黑人問號），反正旅行就是這樣，留點遺憾下次才會想再來，只是日本各地到處散落著我的遺憾，要把它們給補完不知道要到平成哪一年了（可是瑞凡，平成只到31年）。

▲這邊班次很少，1個小時才1班，可以盡情的在鐵軌中央拍婚紗照（？）

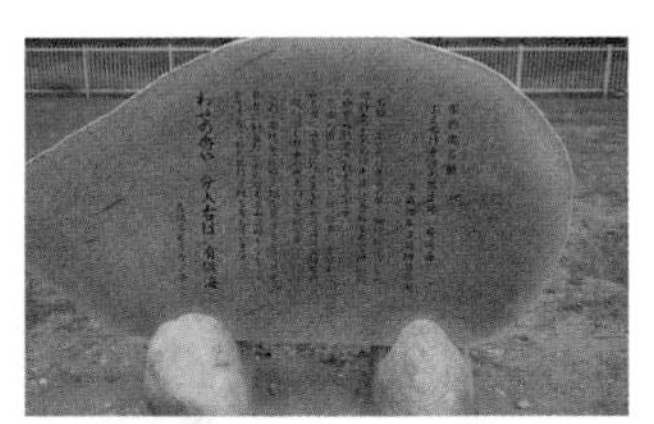
▲雨晴海岸可是被指定為國家名勝，不可小覷喔！

▲我以為我會看到的雨晴海岸。

▲實際上我看到的雨晴海岸（黑人問號）。

▲二度登上青春18海報的雨晴海岸，圖為平成30年春天版的青春18海報。

日本人心靈的故鄉 伊勢神宮

▲離伊勢神宮最近的JR站－伊勢市站。

- **地址**：內宮（皇大神宮）三重縣伊勢市宇治館町
  外宮（豊受大神宮）三重縣伊勢市豊川町279
- **交通方式**：離伊勢神宮最近的大都市是名古屋，會比從京都出發近。近鐵名古屋站到伊勢市站約需1小時20分，伊勢市站步行至外宮約5～10分鐘，外宮到內宮需坐巴士約10分鐘即達。
- **官網**：http://bit.ly/2Aw3rdl
- **伊勢二見鳥羽周遊巴士**：http://bit.ly/2O2SjGS
- **伊勢參拜交通套票資訊**：http://bit.ly/2n4DaJn

日本人跟台灣人一樣信仰深厚，甚至有幾間神社及神宮是一生必去的，而伊勢神宮更是位於所有神宮的頂點，甚至有「一生に一度 お伊勢参り」（一生一定要參拜一次伊勢神宮）這句話。

▲票價很划算的伊勢鳥羽公車一日券。

伊勢神宮可以說是日本人的心靈故鄉，從名字中可窺見日本人對伊勢神宮的景仰，一般我們稱呼「明治神宮」、「東京大神宮」都講全名，不會省略神宮前面的字，因為一省略大家就不知道你在講哪裡。但是伊勢神宮的本名其實只有「神宮」兩字而已，加上「伊勢」只是為了稱呼方便，它的御守上面也只有繡上「內宮」、「外宮」，但是日本人看了就都知道這是指伊勢神宮，由此可看出它的地位崇高、神格凌駕於其他神宮及神社之上。

神宮祭祀著皇室祖先——天照大御神

在介紹伊勢神宮前，要先跟大家談談它的主祭神，以及為什麼它會成為所有神宮神社的頂點。日本是個神話國度，不知道是太浪漫還是太天真，根據日本古事記中所記載的內容，統治高天原的天照大御神，為了要方便治理葦原中國（也就是現在的日本），派遣了孫子邇邇芸命下凡，他後來的子孫就是第一代天皇「神武天皇」，如果這之後的紀錄皆屬實、血統沒有中斷的話，現任的天皇血統即可追溯至天照大御神，也就是日本天皇是神的子孫（聽起來是否很不可思議呢？）

天皇被當作神明的象徵，經歷了平安時代、鎌倉時代、百家爭鳴的戰國時代、德川幕府一統天下時代、幕府垮台大政奉還拿回了實權，又經歷了二戰戰敗後，天皇實權移交到內閣手上，日本歷史雖然一直在變動，但不變的是天皇這個位置從來就沒有人敢去質疑。

直到現在，日本天皇即使沒有了實權，但依然受到人民的景仰與崇拜，東京都內一大片的皇居與相關成員，都是日本人民納稅錢奉養的。他們不需要做什麼決策，只需要在危機時出來跟人民揮揮手，人民心靈就可以得到平靜，這是多麼不可思議的一個制度啊？台灣應該是不可能花這麼多納稅錢，養一群只需要危急時出來揮揮手的領袖，搞不好皇居門口還隨時會有抗議人民坐在那邊，旁邊還有烤香腸攤販吧（我知道太多了）。

不管大家覺得多麼不可置信，皇室就是日本人民信仰的中心，而伊勢神宮主祭神祭祀的便是皇室的祖先天照大御神，所以伊勢神宮就相當於天皇的宗祠一樣，地位可想而知，當然是凌駕於其他神社之上。日本人一生必去一次的伊勢神宮，也造就了東京大神宮的建立，因為伊勢實在太遠了，皇室不可能常常去那邊祭祀，於是便在東京也蓋一間祭祀天照大御神的神宮，東京大神宮也因此被大家暱稱為東京的お伊勢樣（伊勢大人）。

▲伊勢的天空，瀰漫著一股肅殺的氣氛。

伊勢神宮的內宮與外宮

簡單介紹完神宮跟皇室的淵源之後，終於可以來講神宮本身了，伊勢神宮分為內宮跟外宮，參拜方式是從外宮參拜到內宮。

★外宮

稱為豐受大神宮，比內宮晚了 500 年建造，主要是掌管食衣住、產業的神明，能保佑日本五穀豐收。當初是因為天照大御神託夢（？）給雄略天皇，說要把掌管食物之神的「豐受大御神」接到伊勢來，神宮才被分成了內宮跟外宮。

★內宮

主祭神是天照大御神，主要就是鎮守日本、保佑日本這個國家和平的神明。當初我去參拜時，在外宮還沒有特別的感覺，就跟一般的神宮差不多，但一到內宮入口時，走過橫跨五十鈴川的宇治橋，覺得好像從凡間走進了神的領域，那時我對日本的神明還不是很了解，只覺得周遭空氣突然變得一片肅殺，天空中高掛的太陽雖然被雲擋住，但隱約可以感覺到有什麼東西在上面看著我們。後來去參拜出雲大社時才發現，出雲大社的天空瀰漫著一種看不清的感覺，如同島根的神話一樣；但伊勢神宮的天空，卻明顯讓人不禁肅然起敬，看來我也被洗腦成天皇擁護者的其中一員了。

▲有一陣子很流行的旅カエル（TABIKAERA）中，也有這個景點。

▲過了宇治橋之後就是神明的領域，這邊記得要靠右邊走喔！

關於神宮還有個傳說，就是皇室三神器之一的「八咫鏡」被供奉在裡面，當初天照大御神讓自己的孫子下來管理凡間時，給了孫子一面鏡子，並命令要把這面鏡子當作天照大御神的分身供奉。從此以後這面鏡子就被當作分身供奉著，除了天皇有令不然誰都不可以見到它，一直到明治天皇下令保存，從此之後八咫鏡就被永遠封印在神宮深處了。順便一提，另外兩個神器是草薙劍（不是草薙京喔，知道的都是老人）跟八尺瓊勾玉，分別被供奉在熱田神宮跟皇居內。

正確的內外宮參拜方式

如果大家有機會去伊勢神宮的話，一定要試著參拜一次，畢竟那可是被日本人稱作一生一定要去一次的神宮！如同上面我所提到的，參拜順序是外宮到內宮，但過了宇治橋進入內宮的參道時，要走在右邊，避免走在參道的正中間（正中間是神明在走的）。

▲可以洗淨身心靈的五十鈴川。

★參拜流程

1.經過手水舍時，先淨化自己的手跟口，淨化的順序是先左手再右手。

2.接下來會經過一之鳥居，進去前先在心中跟神明說聲：「我來打擾囉」，表達對神明的敬意。

3.到達正宮前會經過五十鈴川，如果剛剛在外面的手水舍沒有淨化到，在這邊也可以洗手。

4.來到正宮時會發現沒有捐獻箱也沒有鈴鐺，因為伊勢神宮自古以來就是嚴禁私幣，只有天皇有資格奉納錢幣，於是延續這項傳統，伊勢神宮便沒有放賽錢箱。不過前方有鋪上一層白布，你可以將錢幣安靜地放在上面。

5.接著遵循二拜二拍手一拜的方式參拜，如果你不是很確定的話，可以先站在一旁偷看其他日本人怎麼參拜喔！

▲跟一般的神社和神宮不一樣，這邊沒有鈴鐺也沒有賽錢箱，一般外國人來到這邊應該都會困惑。

▶天照大御神的神使是雞，所以神宮境內到處都可以看到雞，很妙吧！

美到讓你忍不住再看一眼的二見浦

參拜完伊勢神宮之後先不要急著離開，附近還有個傳說中美到讓倭姬命，忍不住回頭再看一眼的海岸「二見浦」。聽到這個名字，大家可能還沒辦法反應過來，但是如果講夫婦岩就一定有印象了吧？距離伊勢神宮不遠的地方，有個二見興玉神社，這裡從古代以來就是日出的遙拜所，天氣好的時候可以遠遠的看到富士山，晚上則可以看到天空中高掛的月亮，與夫婦岩相應成輝，形成一幅美好的畫面。

二見興玉神社的主祭神為猿田彥大神、宇迦御魂大神，而猿田彥大神的神使為青蛙，所以來到二見興玉神社可以

▲象徵平安歸來的青蛙。

▲日出與皇居遙拜所，人在三重也要跟東京皇居的天皇請安？好瘋狂呀！

▲男岩上面還有個小鳥居，非常可愛。

▲來伊勢神宮必定會買的名物赤福，別人是麻糬包紅豆餡，它則相反過來，是紅豆餡包麻糬……口味我覺得很甜很可怕。

看到很多青蛙的雕像。日文的青蛙かえる（KAERA）唸法，跟回來、還錢音同，所以這間神社便是以「保佑平安歸來」、「借出的錢能平安收回」聞名。

如果要我推薦日本神社裡一定要來參拜看看的，那我會選出雲大社、伊勢神宮，前者是日本神話中八百萬神明的聚集地；後者則是皇室信仰的中心，要了解日本神話跟皇室起源，從這兩間神社及神宮開始是最快的。下次經過名古屋時，不妨排個一天的行程來參拜伊勢神宮，看看日本人心靈的故鄉到底是什麼樣子吧！

跟你想像中不一樣的海之京都
丹後天橋立

\いこう!!/

- **天橋立**：京都府宮津市字文珠314-2
- **交通方式**：京都車站出發搭乘JR山陰本線，在福知山轉乘丹後鐵道，於天橋立站下車。或是搭乘「天橋立號」，一路直達天橋立不用轉車。不過要注意的是，如果你是拿JR PASS的話，從福知山到天橋立這段因為不屬於JR系統，所以要補差價喔！

▲京都車站出發直達天橋立的「はしだて」（HASHIDATE）號。

▲天橋立車站的周邊地圖，可以看出來沙洲剛好連接灣岸的兩側。

身為台灣人，你可能沒去過東京，但你一定不可能沒去過京都，京都不只是西方人很愛，台灣人也超級愛！除了在京都路上，隨便跌倒都會撞到台灣人之外，關西機場滿滿的入境人潮盛況，感覺就像把入關當成迪士尼在排隊，就可以看出京都深受世界各國人士的喜愛。

你對於京都的印象是什麼呢？除了町家、不小心迷路都會走進寺廟境內這兩點以外，其實京都南北橫跨距離很遠，像是台灣的高雄一樣，我們常去的京都是比較靠南邊的部分，而北邊的京都緊鄰日本海，又被稱為海之京都，很難想像在京都可以看到大海吧？

從京都市內出發，車程約2個小時即可抵達與一般京都印象完全不同的海之京都，這裡古時候曾是「丹後國」的領土，於是到現在依舊被稱為「丹後」。這裡有個自然景觀非常特別，在海灣的中間有條沙洲連接兩岸，就像是連接天與地的梯子，於是自古以來便被稱呼為「天橋立」，這裡也與陸奧的松島、安藝的宮島，並稱為日本3大景。

連接天上天下的太古聖地

從京都市內出發到天橋立還滿遠的，搭直達車也要2個小時。第一次去的時候，下車時站務人員叫我補票，因為當時我拿的是關西廣域PASS，我疑惑的詢問這台不是JR嗎？為什麼還要付錢？結果仔細看車頂寫著「經由丹後鐵道」，原來福知山開始到天橋立這段不屬於JR，所以要補差價，當時每個人補了1,380日圓，簡直崩潰（窮酸）到底讓人們這麼不辭千里，也要來看的日本三景到底有多美呢？

從車站出來後，照著指標走可以來到飛龍觀展望台，天橋立其實是個連接灣岸兩邊的沙洲，從這岸看過去稱為「飛龍觀」，對岸看過來的話稱為「昇龍觀」。這條沙洲是傳說中伊邪那岐為了要做個可以自由來去天上天下的梯子，做到一半時不小心睡著了，結果梯子就倒下來變成現在的天橋立（日本人是否太過浪漫，連個沙洲也可以編這麼多故事）。

天橋立最著名的地方，就是要彎下腰從兩腿之間看過去，這樣沙洲就會親像一條飛龍飛上天（會唱的放心裡就好不要承認）。如果你要到對岸傘松公園去看倒過來的昇龍觀，可以選擇步行（約50分鐘），或是租腳踏車（約20分鐘）前往，不過沙洲上都沒有人，空無一人的場景讓我想到松島。

▲觀光客必拍的標題，到此一遊。

▲飛龍觀的正確觀察方法，頭下腳上拍照很難的話，其實你可以把照片轉180度即可（喂）。

▲車站這一側看過去是飛龍觀，需要搭配想像力就是了。

日本三景碑

▲沙洲上的日本三景碑，你去過幾個呢？

順道參訪供奉文殊菩薩的智恩寺

看完天橋立沉浸在日本三景制霸喜悅中時，發現乘船處有個寺廟，門口還有個智慧之輪，原來這邊供奉的是掌管智慧的文殊菩薩。傳說中日本國土創立時，這邊有條兇暴的龍，為了鎮壓牠，特別從中國請來了掌管智慧、龍神導師的文殊菩薩，最後這條兇暴的惡龍就被文殊菩薩給教化了。

因為祂是掌管智慧的菩薩，很多考生及家族都會一起來這邊參拜，就像是台灣的文昌帝君一樣。至於上面所提到的智慧之輪也有個傳說，只要穿過智慧之輪3次，文殊菩薩就會授予你智慧，講得好像很簡單，但其實這個智慧之輪高度滿高的，約有2.5公尺，根本不可能穿過去好嗎？所以後來就演變成只把頭的部分穿過去也可以，身體不用穿過去，因此下次去天橋立時，不妨順道來這邊跟文殊菩薩請安吧！

▲傳說中穿過這個環3次，文殊菩薩就會賜給那個人智慧，只有頭穿過也算喔！

智恩寺供奉著掌管智慧的文殊菩薩。

▲這個寺廟的籤很特別，是扇子呢！要記得不管是大吉或大凶，都可以綁在樹上跟神明結緣喔！

能實現你一個願望的靈驗寺廟
鈴蟲寺

\いこう!/

- **妙德山華嚴寺鈴蟲寺**：京都府京都市西京區松室地家町31
- **交通方式**：京都車站搭乘京都巴士73或83號公車，於鈴蟲寺下車。
- **官網**：http://bit.ly/2vAhyc3

▲位於山中的鈴蟲寺，環境非常清幽。

京都有個寺廟，雖然名氣不像清水寺那樣人人皆知，但假日竟然也要排隊入場，那個寺廟叫做「鈴蟲寺」。它的正式名稱其實是華嚴寺，但因為一年四季境內都響徹鈴蟲的叫聲，所以又被稱為鈴蟲寺。我會知道這間寺廟，是因為高木直子《一個人旅行》中的篇章有提到，從那之後就一直把這間寺廟放在心上，想說哪天去京都我也想去參拜看看。寺廟裡會有鈴蟲的聲音，感覺很可愛不是嗎？像我就覺得聽蟬聲、鈴蟲聲很能讓人心靈平靜呢！

可以實現你願望的幸福地藏

鈴蟲寺最有名的就是山門旁邊有一尊穿著草鞋的地藏像，被稱為幸福地藏。一般地藏像都是光著腳丫，但是鈴蟲寺這尊卻有穿鞋子，相傳是因為祂需要走到每一位需要幫忙的人身邊，所以才要穿著鞋子。大家應該都熟知地藏菩薩與一般如來佛，這些住在極樂淨土的神明不太一樣吧？祂的存在不是為了實

▲這裡隨時隨地都排一堆妹子，想必來這邊結緣應該很靈驗。

現我們生者的願望，因為地藏菩薩住在地獄，為的是向每一位墮入地獄的人伸出援手。如果你有個無論如何都想實現的願望，不妨來向幸福地藏祈求，傳說祂會前來幫助你，但就是只能有一個願望，大家不要貪心喔！

這間鈴蟲寺位於很偏遠的地方，到嵐山後又需要再往上爬，但可別小看這裡，它可是很熱門的景點喔！假日都要排隊進去，官網上甚至還幫你列出當天預估的擁擠程度，完全是當迪士尼在經營啊！當初我們是臨時決定去的，所以也沒先上官網確認人多不多，還好那天雖然要排隊，但沒有排到很誇張，我們在大太陽下站了10幾分鐘才入場。

▲進去聽說法約要30分鐘的時間，大家要有心理準備喔！

那時我非常納悶，為什麼連進寺廟都要排隊呢？原來大家是排隊進去聽住持說法的，我們被排進一個大堂裡面，

▲誠心的向地藏菩薩許下一個你最想實現的願望吧！

▲聽說法時給大家品嚐的茶點。

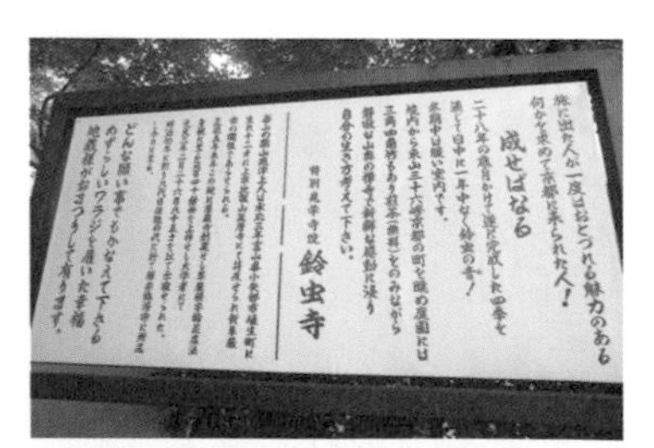

▲紅字寫著「不管什麼願望都能幫你實現的草鞋地藏」，聽起來就超威的啊！

還要先脫掉鞋子，桌上都已經擺好茶點，一人一份。剛剛在大太陽底下站了10幾分鐘，突然進到有冷氣的地方整個像是來到天堂，就在我覺得心靈平靜、眼睛快要閉起來時，一位住持走進來跟我們說故事，他介紹了這間鈴蟲寺的起源，最後還推銷了御守，整個很敬業！

本來以為這種說法會滿無趣的，但其實住持意外的活潑跟好笑，一邊聽說法，一邊喝茶、吃點心，大概15～30分鐘就可以出來，出來後可以花300日圓買住持推薦的幸福御守。我發現聽完說

▲這裡的樹木，都有在持續修剪保養喔！

法的每個人都有買，看來住持的洗腦還是很成功的（誤）。

接著拿著御守到剛剛山門旁邊的地藏前，告知自己的姓名、地址後，向這位穿著草鞋的地藏誠心誠意的祈求一個願望，傳說地藏菩薩就會穿著草鞋前來實現你的願望喔！那時買的幸福御守我到現在都還放在皮夾裡面，雖然願望至今還沒有實現，但那天的鈴蟲聲、說法會、境內幽靜的氣氛，都還深刻印在我的腦海裡。

▲這個幸福御守，直到現在我仍放在皮夾裡隨身攜帶。

走進源氏物語的世界
宇治

▲從車站一出來，就很有平安氣息。

▲以平等院鳳凰堂為概念，建造的宇治車站。

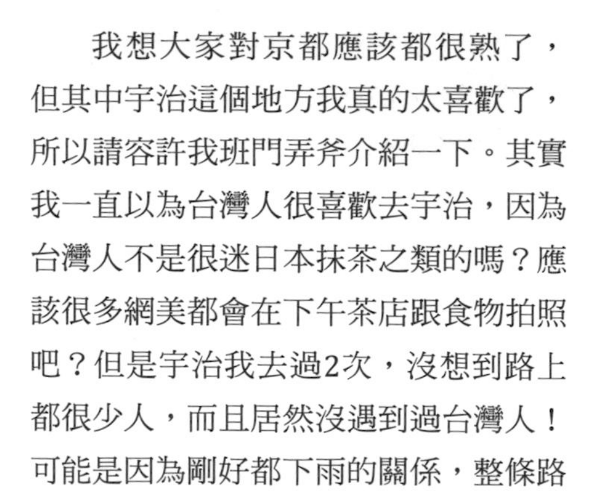

我想大家對京都應該都很熟了，但其中宇治這個地方我真的太喜歡了，所以請容許我班門弄斧介紹一下。其實我一直以為台灣人很喜歡去宇治，因為台灣人不是很迷日本抹茶之類的嗎？應該很多網美都會在下午茶店跟食物拍照吧？但是宇治我去過2次，沒想到路上都很少人，而且居然沒遇到過台灣人！可能是因為剛好都下雨的關係，整條路上瀰漫著一股「冷冷清清、淒淒慘慘戚戚」的氣息，非常有源氏物語的味道。

嗯？你問源氏物語不是以京都為背景，為什麼跟宇治有關係嗎？因為源氏物語的最後一章，發生地就是宇治，又被後代稱為「宇治十帖」，這篇我不以觀光的角度帶大家玩宇治，而是想以文學的角度來切入，讓大家更深入認識這個地方。

\ いこう！/

● **交通方式：**京都車站出發，搭乘JR約20分鐘即可抵達宇治市。

● **宇治上神社：**宇治市宇治山田59

● **宇治市源氏物語博物館：**宇治市宇治東45-26

宇治雙姬與永遠無法實現的戀情

大家所熟知的源氏物語主角，應該都是光源氏對吧？但宇治十帖其實是以光源氏的後代「薰君」為主角的故事（好吧正確來說不是他的後代，是他老婆跟別人生的），這個薰君雖然也是個美男子，但他的戀愛史可就沒他名義上的老爸光源氏這麼風光跟順遂。他從小就懷疑光源氏不是自己的親生父親，所以個性一直都有點中二兼厭世症發作的感覺，某天22歲的薰君前往宇治拜訪時，偶然偷窺到在月光下一起合奏彈琴的大小公主。薰君對大公主一見鍾情，於是把她歌頌為宇治的橋姬，從這邊開始便正式進入宇治十帖的世界。

無奈這位大公主總是拒絕薰君的愛意，反而把妹妹推給薰君想給他當老婆，薰君拒絕並把大公主的妹妹轉介紹給自己的對手「匂宮」，匂宮雖然也是位美男子但卻是個渣男，也是造成最後薰君戀情無法實現的罪魁禍首。大公主後來年紀輕輕便過世了，薰君悲痛不已，這時小公主介紹了一位長得很像大公主的女孩給薰君，她便是宇治十帖的女主角「浮舟」，浮舟是常陸國人，雖然美麗但卻又帶點鄉下味，這點讓薰君很猶疑不定，他雖然把浮舟接過來宇治住，但卻沒有常常去找她，於是浮舟總是很寂寞。

這時匂宮趁虛而入，把自己裝扮成跟薰君一樣，順利潛伏進浮舟的宅邸，浮舟誤以為他是薰君便跟他有了肌膚之親（我說從侍女到浮舟呀，你們大家眼睛都瞎了嗎？）宇治十帖中很有名的一幕，就是匂宮帶著浮舟坐在小船裡，擺盪在宇治川上，船上匂宮對浮舟訴說愛意並表達一輩子不會變心，但是浮舟的心就像這艘飄浮不定的小船一樣，不知該飄向何方。

最後浮舟跳宇治川企圖自殺，但最後被人救起來，之後更決心要出家。薰君不斷尋找失蹤的浮舟，聽說浮舟最後被人救起，非常開心要去接浮舟回來時，

▲陰鬱的宇治橋畔。

▲橋邊浮舟與匂宮的雕像，

浮舟卻再也不想見薰君，全篇源氏物語便到這邊戛然而止。可能是我已經帶著這種悲戀的既定印象去逛宇治，總覺得宇治隨時都瀰漫著一股濃霧，走過宇治川時彷彿可以聽見耳邊有人在嘆息。

另外，關於宇治橋的橋姬則有很多種傳說，有人說是宇治的守護神，也有人說是妖怪神格化後的名稱，前身其實是個善妒女子化身的惡鬼，每當有年輕的男子經過橋上，橋姬便會把他拖下水……不管真相如何，這座連結宇治上神社與平等院間的橋墩，今天仍舊佇立在宇治川上輕輕的嘆息著。我想大公主之所以會拒絕薰君，是因為薰君把她比喻成惡女橋姬吧？（不要亂講）

瀰漫著平安爛漫的宇治上神社

過了宇治橋後，馬上就可以看到一座超大的鳥居，旁邊還有一個巨型石碑寫著宇治上神社，這座神社的本殿創建於平安時代，是日本最古老的神社建築，同時也被列為世界文化遺產。宇治上神社祭祀的3位主祭神分別是応神天皇、仁德天皇、菟道稚郎子，而菟道稚郎子傳說中就是宇治雙姬父親「八の宮」的範本，同時也是位學問家，所以這邊常常有人來祈求學業成就。

這座神社跟源氏物語也很有關係，薰君第一次在這邊偷看到兩位姊妹彈琴的八の宮宅邸，就在宇治上神社這邊，從這邊開始薰君的命運有了很大的變化，可以說是宇治十帖的關鍵地。令我覺得奇怪的是，除了境內靜謐到風聲像是有人在低語之外，我去的時節明明就是晚冬，但卻在神社境內附近看到很多紅葉，非常有平安風味。看到紅葉堆中的「与謝野晶子歌碑」，想起宇治十帖中主角們的命運，沒有誰對誰錯，就只是心與心不停的交錯而造成的悲劇，也留給後人無數的惋惜。就這樣走著走著，彷彿又在樹林中聽見了浮舟的嘆息聲。

連接日本誕生之地的最長吊橋 明石海峽大橋

近看超級震撼的明石跨海大橋，對面就是淡路島。

- **舞子公園**：神戶市垂區東舞子町2051番地（明石海峽大橋就在境內）
- **舞子公園官網**：http://bit.ly/2vrKWB6
- **交通方式**：JR神戶線「舞子站」徒步約5分。
- **申請登頂方式**：http://bit.ly/2OBLIEj

▲從JR舞子站出來後，馬上就可以看到路標。

日本是個很愛排名次的國家，如果它們是全世界國家中最愛排名的第二名，相信沒有國家敢自稱第一。反正柴米油鹽醬醋茶，各種你想到的東西他們都可以排名，看別人用什麼跟著用就沒錯了，很像日本人的個性。這座位於兵庫縣的世界最長吊橋（僅限於吊橋），連接了神戶與瀨戶內海中最大的島嶼－淡路島。在日本神話中，淡路島是日本國土第一個誕生的地方，也是個農產豐富、常常向天皇進貢的地區，連接兩端的明石海峽大橋就位於舞子公園內，從JR舞子站出來馬上就可以看到這座巨大吊橋。

全長3,911公尺！世界最長吊橋

第一眼看到這座跨海大橋真的非常震撼，因為我除了日本外其他國家都沒去過（驕傲什麼），所以看到這麼大的跨海大橋覺得非常不可思議。站在橋下抬起頭，感覺這座橋就像在天邊一樣那麼高，因為它僅次於法國的米約高架橋、中國的蘇通長江大橋，日本國內的話能超越這個高度的大樓更是沒幾棟，只有晴空塔、東京鐵塔、大阪的阿倍野大樓可以超越它。

說了這麼多建築物來比較，大家應該能想像這座跨海大橋有多高了吧？這座橋當初在建設時是在極為嚴厲的自然條件所完成的，連接大阪灣及瀨戶內海的明石海峽一直以來潮流的速度都非常快，所以它的橋墩必須要能承受住急流的速度及衝擊力。另外，這片海峽因為被海上交通安全法指定為國際航路，一天會有1400艘以上的船隻經過，是海上交通的主要要衝。除了上述兩點之外，這座橋厲害的地方就在於，它在快要完成的時候遇到了阪神大地震，而且震源就在明石海峽的附近。但是地震發生之後，這座橋一點損傷也沒有，只有因為地盤結構變動的關係導致橋的長度有點變化，之後這座橋於1998年通車，因為淡路島上沒有電車，所以這座橋就變成連接淡路島跟本州的主要幹道。

▲吊橋的一根繩索就是這麼粗，路邊還特別放了斷面圖給大家看喔！

▲付入場金，就可以登上跨海大橋囉！

登上世界第一的吊橋遠眺淡路島

用我當比例尺，就可以看出這座吊橋有多高了。

來到這邊強烈建議一定要花個300日圓，登上這座跨海大橋看看。舞子海上プロムナード（PROMENADE）建在離海面47公尺，陸地約150公尺高的地方，進去後還要搭電梯上去，真的令人覺得很不可思議！這邊可以讓你走在跨海大橋上，感受腳下全是海的感覺，同時頭上還不時有車子呼嘯而過，整座橋墩的鋼筋都跟著在震動，非常刺激。

更厲害的是，8樓還設有咖啡廳（一座橋居然還有8樓這個數字？我是在逛百貨公司嗎），可以在這邊一覽整個海峽，非常推薦。要不是接下來還有行程要跑，我真的想在這邊坐一下午順便看夕陽，而且這邊不知道為何明明是觀光地但人卻非常少，我去的那天甚至只有我們一組客人。

如果對橋墩結構有興趣或是想登頂看美景，也可以事先在網路上預約，當天就會有專業的導覽員介紹橋的結構、帶你走在真正的跨海大橋上（舞子海上プロムナード腳下都有玻璃罩），甚至能帶你登頂，搭電梯直達98樓，這是跨海大橋的最頂點！據說還可以看到關西機場跟小豆島等等，對登高有狂熱的朋友，建議一定要參加喔！

Chapter 3

中國地區

被神話及傳說圍繞的大地

一起來到充滿神話傳說氛圍的出雲大社、吉備津神社、八重垣神社、金刀比羅宮參拜，再到瀨戶內騎腳踏車吹吹風，別忘了再去拜訪鬼太郎、柯南的故鄉！

八重垣神社

鎮守吉備國的靜謐聖地
吉備津神社

● **吉備津神社**：岡山縣岡山市北區吉備津931
● **交通方式**：搭乘桃太郎線，在JR吉備津站下車步行約15分鐘即達。

位於中國地區的岡山縣，除了以桃太郎聞名跟盛產桃子之外，因為很少下雨，也被稱為晴天之國，光是這個稱號就讓人覺得充滿了活力（像青森就給人憂鬱的感覺）。

鎮守吉備國的吉備津神社，主要是祭祀大吉備津彥命，祂是第七代天皇孝靈天皇的皇子。有一說是崇神天皇年代，天下差不多都平定了，但遠離京都的地方還是有不服朝廷的叛亂者存在，於是天皇選中4位皇族前往平定各地的叛亂，而大吉備津彥命就是被派往平定山陽道。途中有吉備國的人民前來訴苦受「溫羅族」也就是鬼族欺壓已久，希望大吉備津彥命能幫幫他們，打鬼成功之後，大吉備津彥命就被人民當成神明祭祀。神社西北方有一座被稱為鬼城的遺跡，傳說中就是跟大吉備津彥命苦戰的溫羅族大本營，喜歡冒險挑戰的人不妨前往探險一番。

▲桃太郎線的招牌都是很可愛的粉紅色，跟桃子一樣。

▲晴天之國威力發功！美麗的大晴天。

山陽道上首屈一指的大社

從吉備津站出來後是一片民宅，第一次前往的人應該都會有點迷惘。往左邊走到底就可以看到大鳥居，這邊開始就是前往吉備津神社的參道，一路上人煙稀少，但太陽很溫暖的在頭上陪伴著我們，讓人感到一股不愧是晴天之國的威力。

爬上長長的階梯後，就可以看到國寶本殿。右邊有一條小路，就是吉備津神社的名場景，渺無人煙的長迴廊，幸運的話還可以看到宮司（神社裡地位最高的人）經過，傳統服飾配上靜謐的長迴廊，就是吉備津神社給人最大的印象。

雖然我沒有這麼幸運，但是途中遇到2位日本老太太，他看到我帶著年紀很小的孩子來，可能是出於好奇並跟我們打招呼，順道問我們從哪邊來的。知道我們是從台灣來、自由行前往，她們非常驚訝，認為跑來岡山就算了，竟還來這麼偏僻的吉備津神社。其實我很想跟她們說，吉備津神社算是很熱鬧的，

▲無限延伸的靜謐迴廊。

◀從大鳥居這邊開始，就是前往吉備津神社的參道。

▲神社境內飄盪著一股寂靜的氣息，站在這邊深呼吸彷彿心靈都被洗滌般。

▲境內完全不怕人的貓咪 。

▲來到岡山一定要買的吉備糰子，就是桃太郎前往打鬼時腰間掛的那個啦！

我去過更多沒人的神社呢！XD

最後道別時，老太太們對我兒子茶米說掰掰，茶米也回她們掰掰，老太太們笑得很開心說，原來掰掰是共通的語言啊！我想就算是語言不通，笑容也是全球共通的語言，老太太們臉上不輸給晴天之國的燦爛笑顏，讓我對吉備津神社留下很深的印象。

Japan

鐵道宅必備！日本鐵道印章筆記本（鐵道印章）

●**鐵道印章筆記本**：日本各大書局或是台灣的淳久堂皆有販售。

如果要收集各地旅行回憶的話，除了買紀念品之外，我會推薦大家蒐集鐵道印章。日本鐵道宅專業到分成好幾種，有拍電車的、收集票根的、迷時刻表的、收集模型的等等，其中也有一部分人就是著迷於收集車站印章。一開始我也不知道有印章收集本這種好東西，所以我常常蓋在臨時找來的空白紙上，下場就是很快的就被搞丟了……買了印章本之後，出門就只要記得帶那一本，蓋滿之後就收藏起來也不容易弄丟，目前我收集到第3本，還在陸續收集中。

日本的鐵道印章大部分會放在閘口外面，就是你不一定要買票進去也可以蓋到，但有些車站的印章沒有放在外面，要另外跟閘口的站務員拿，若是都找不到印章的話，別猶豫就直接問站務員比較快！

鐵道印章依照當地的風土民情長的都不太一樣，所以就算過了很多年，只要看到當初收集的鐵道印章就可以馬上回想當初旅行的回憶。例如宇治車站印章是一個長髮披肩的平安女子、境港車站是鬼太郎、鳥取車站就是駱駝與沙漠、青森車站是睡魔、山形車站是櫻桃……等等。別以為只有新幹線那種大站才會設置車站印章，東京都內的地下鐵（metro跟都營）也都有設置車站印章，有興趣的朋友下次去東京時可以試著尋找看看！

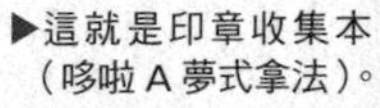
▶這就是印章收集本（哆啦A夢式拿法）。

▲超可愛的阿蘇男孩印章！

▲青森的三澤車站跟八戶車站（烏賊與黑尾鷗的車站）。

▲說到福井的話當然就是恐龍了！

▲除了車站印章之外，日本各地的觀光景點通常也都會設有印章（圖為五稜郭）。

騎腳踏車吹風是瀨戶內的浪漫
島波海道

今天是快樂的出航日（對，我是老人）。

- **交通方式**：可以從廣島縣的尾道出發，或是從愛媛縣的今治出發。
- **汽船時刻表**：http://bit.ly/2vkRn9H
- **腳踏車租借資訊**：http://bit.ly/2MkAHpe

大家有看過一部日劇叫做「好きな人がいること」嗎？由桐谷美玲跟山崎賢人主演的，第7話中女主角跟男主角有一幕在絕景大橋上騎車，那就是在島波海道中生口島與大三島間的多多羅大橋所取景的。看過那一集後，島波海道的美景深深烙印在我心裡，想著總有一天我也要像女主角一樣，帶著銀鈴般的笑聲騎在大橋上。結果事實證明，他們一定是坐車坐到那邊再騎一小段而已（廢話），因為如果真心地要騎島波海道的話可是得花上一整天，而且騎完只會變瘋女十八年不會變女主角，當然後面更不會有男主角在追你。

▲要從尾道出發去騎腳踏車囉！

選台陪你征服島波海道的戰友吧！

島波海道是日本非常有名的自行車道，不只是我們這種觀光客，連專業的自行車手也對這條自行車道躍躍欲試。尾道車站出來往海邊的方向走，就可以找到租借腳踏車的地方，當初我太小看這條自行車道了，以為跟台灣一樣是騎好玩的那種，甚至還帶了當時才2歲多的兒子去。

▲租借腳踏車的地方，電動腳踏車很熱門，最好一大早就去喔！

帶小孩去只能借普通的菜籃車+兒童座椅，而且數量還有限，我那次去的時候只剩最後一台！可能像我這種帶幼兒去的傻子很少，難怪租借腳踏車的櫃台人員用一種意味深長的眼神看著我（人家並沒有），最後我借了一台菜籃車跟一台電動腳踏車，電動腳踏車的租金比較貴而且有限制時間，6小時1500日圓、押金1000日圓，記得一定要原點歸還喔！（補充：一般腳踏車租金只要1000日圓，押金同樣也是1000日圓。）

▲這趟旅程的「相棒」，在這邊沒有電動腳踏車根本等同斷了手腳。

▲島上人民來往本州的唯一方式，船上可以看到很多通勤學生。

被CNN稱為世界七大自行車道之一

選好你的戰友之後，就準備從尾島坐船去向島囉！尾島來回向島的船很頻繁，因此沒有時刻表，腳踏車跟著上船一人只要100日圓。從尾道到今治長達80公里的自行車道，中間會經過向島、因島、生口島、大三島、伯方島跟大島共5座島嶼。我本來打的如意算盤是去程直接坐汽船到生口島，看完多多羅大橋後再騎回來尾道，因為也才3個島嶼而已，看起來很小應該OK的，當時我天真的這樣想。

▲這條自行車道沿路都有藍色標示，跟著走就不會迷路了。

▲沿路的天空藍到像是畫布上的顏料一樣，讓人懷疑是不是假的。

不過前往生口島的汽船一天才幾班而已，所以我們最後沒有趕到（帶著一隻拖油瓶行程都不能如期跑完），於是我們就跟著大家一起坐船到向島。這條規畫很完整的自行車道，最棒的地方在於你根本不用拿手機出來看地圖，沿路照著地上的藍色線條騎就對了，就專心的沉浸在美景裡面吧！

出發前我本來覺得要騎到生口島應該是小菜一碟，殊不知菜籃車載著一隻17公斤的幼兒，騎起來真的非常吃力！剛開始出發都是市內的平路所以還好，速度還可以很快，後來慢慢離開市內要往第一座大橋－因島大橋前進時，高度越來越高，後來完全變成爬坡道，尤其要上橋那邊若不是電動腳踏車怎麼可能騎的上去呢？

大橋目測至少都有10層樓高，你能想像騎腳踏車爬10層樓的樣子嗎？最慘的莫過於茶米爸了，因為我把菜籃車丟給他，自已騎電動腳踏車，所以最後面的險升坡那邊他都是氣喘吁吁用牽的。

1.看到這座橋的高度了嗎？沒錯，就是要騎腳踏車爬到那邊！

2.本來覺得扛滑翔傘爬上鳥取砂丘是人生最累，沒想到因島大橋又創造了我人生的巔峰。

3.橋上採腳踏車跟汽車分道的設計，所以高度雖高但卻很安全。

難怪專業的自行車手會喜歡挑戰這條島波海道，一般人根本不該來，何況是帶小孩的父母，所以我們根本就是笨蛋，難怪剛剛租自行車時的人員用憐憫眼神看著我（要講幾次人家根本沒有啦）。

好不容易騎上因島大橋之後我彷彿看到天堂，到這邊才過了一座島而已，看來要騎到生口島根本不可能了，再見了～我當日劇女主角的美夢。

因島曾經是村上水軍的基地之一，所以到處都可以看到村上海賊的遺跡，村上海賊不是大家所想像的那種搶錢搶糧搶女人的海賊，而是自古以來維護著瀨戶內海海上秩序的正義使者。想從這邊通行的船，不管你是商人還是將領，都要遵守村上海賊的規矩，我們騎到因島後本來也想前往海軍城遺跡，但無奈茶米爸實在是累翻了無法再往下騎，我們只好回頭騎回去向島。所以整條島波海道單程，我們只從向島騎到因島開頭一點點而已，應該可以榮登島波海道騎乘距離最短第一名吧（這很值得驕傲嗎）？

▲來過因島的證明（挺）。

▲乍看還以為是威基基海灘，原來是因島海邊啊！

向島上的精神救贖——立花食堂

▲每位旅人的身心靈綠洲－立花食堂。

本來以為這種以觀光為重心的島嶼會有很多食堂，結果連間便利商店都沒有，除了靠近尾道那邊的向島有一些商家之外，沿路上幾乎沒有店家，所以大家出發前水要帶足喔！那天我們從因島大橋折返回來之後，正好已經過了中午一點，又餓又累完全找不到地方吃飯，這時沙漠中的綠洲，立花食堂出現了！

而且你不要以為這種鄉下地方（沒禮貌）的食堂感覺都lowlow的，這個食堂的裝潢跟氛圍如果搬來台北的話，我相信愛排隊的台北人會排上3天3夜（浮誇）。這間食堂的位置很好找，就在要上因島大橋的入口處那邊，我想意思就是要大家吃飽好上路吧？老實說東西好不好吃我已經忘記了，只記得價格非常不便宜，不過在那個又餓又累的時刻，吃什麼已經不是重點，有地方讓我坐下來喝口水這點就無價了。

▲一座杳無人煙的小島上，有這麼一間時尚食堂真的很意外！

▲瀨戶內檸檬足湯，療癒你疲憊的雙腳（大家的汗水都混在裡面了啦）。

▲擺盤很美，但是累到翻過去的我們只覺得吃不飽啊！

▲掰掰美麗的瀨戶內海，有機會希望還能再見到你第3次！

雖然最後很可惜沒辦法征服島波海道，但途中海天一色的美景已經深深印在我記憶深處。雖然帶幼兒去那種地方感覺是稍嫌蠢了點，但也是個難得的經驗，希望這樣美麗的景色多少也能寫進茶米的心中。將來如果茶米長大跟他說：「媽媽在你2歲時就帶你騎過島波海道，還帶你去參拜過出雲大社囉」他不知道會怎麼想……應該會覺得媽媽是個神經病吧？

這裡不是撒哈拉
鳥取砂丘

緊鄰日本海的鳥取砂丘，起源是中國山地千代川及風所帶來而堆積成的砂丘。遠處約兩層樓高的高低差被稱作馬背，爬上去需耗費一番力氣。

● **境港市觀光案內所地址：**鳥取縣鳥取市福部町湯山　● **電話：**0857-22-3318
● **交通方式：**JR鳥取車站搭乘往鳥取砂丘方向巴士前往，在砂丘站下車步行即達。
● **電車時刻表：**http://bit.ly/2viS8QM　● **報名砂丘滑板：**http://bit.ly/2vFQ0Se
● **報名砂丘滑翔傘：**http://bit.ly/2LT6y4u

說到鳥取，每個人一定會先想到鳥取砂丘吧？不知道去過的人，第一眼看到砂丘的印象是什麼呢？我第一次見到鳥取砂丘時呆滯了好久，因為在我的認知中，日本這麼小的島國能有多大片沙漠？又不是撒哈拉那種地形跟氣候。結果我站在偌大的砂丘中，為自己是滄海一粟這點感動到久久不能自已！

這南北約2.4公里、東西16公里，高低差可達90公尺的鳥取砂丘，起源是由中國山地千代川及風所帶來的幾粒沙子，就這樣經歷十萬年一點一滴累積而成現在的砂丘，完全就是「積少成多」這句成語的實踐版。這邊真要走起來可是很累人的，千萬不要以為不過就是個沙子而小看它！這篇就要帶各位去看看鳥取砂丘的另一面，除了在上面散散步、拍拍照思考人生之外，更不能錯過砂丘專屬的極限運動！

挑戰懼高症極限的砂丘滑板

如果來這裡只是單純看看、拍拍照就太浪費這些沙子了，所以聰明的日本人發明了好幾種可以在砂丘上進行的活動，其中一個就是砂丘滑板。因為這具有一些危險性，所以需要教練在旁邊指導，參加前要先在網站上報名，網站上有寫到一些注意事項跟需要帶的物品，前往體驗之前務必要遵循喔！

▲今天課程要用到的滑砂板，BGM請幫我下hiphop！

簽完同意書後，教練帶著我們前往砂丘中適合滑砂的地方，只不過滑砂板要自己扛就是了，原本想說板子沒有很重應該還好，結果沙子太鬆軟，走在上面本來就很吃力了，加上要扛板子走，我根本還沒開始滑就累了。走到砂丘的最高處後，教練說今天就是要在這邊滑下去，刺激吧？我往下看這約2層樓的高度砂丘，而且下面就是日本海，內心想著萬一我就這樣滑到日本海裡，一去不復返該如何是好？我這次出國忘了保旅平險啊（重點在這嗎）……而且教練超級殘忍的，一開始就叫我站在滑板上滑下去，我看起來像是那種潮妹嗎？後來交涉半天，教練才說我們可以用坐在板子上的方式滑下去。

▲一開始我們兩人一組滑下去，結果摔得很慘哈哈哈！

▲挑戰1人滑沙！不過就是個溜滑梯怕什麼（已漏尿）。

其實這跟溜滑梯是差不多的方式，只是前方多了個日本海這樣，但不知道為什麼坐在板子上恐懼感就會自然散發出來。第一次我們是兩人一組滑下去，結果力道反而不好控制，一煞車沙子整片往臉上飛，完全看不清前方……奉勸要來玩的朋友，1個人溜下去比較乾脆，2個人反而不好控制方向喔！

玩幾次習慣後，比較有勇氣的人就可以試試看站著滑下去，只是能不能滑的像網站上那樣帥氣，可能就要看個人的運動細胞了。

滑翔傘上迎風眺望日本海

覺得剛剛砂丘滑板還不夠刺激的朋友，接下來要講的砂丘滑翔傘可能會很適合你，一樣事先在網站上報名過後，準備一顆夠堅強的心就可以出發了（還有記得不要穿裙子）。

滑翔傘因為要從高處乘著風飛翔，所以想當然我們還是要爬到最高處去，只是這次身上不是背普通重的滑板而是重到起笑的滑翔傘！一開始還以為有人會幫我背，結果錯了（網站上面可以報

▲背上10公斤的滑翔傘準備出發！

▲終於輪到我了，內心已經很累（一旁的教練秒擺POSE）。

▲開始起跑後，就是不要停、往前衝就對了！

名輕鬆課程，也就是教練幫你把滑翔傘背到起飛地），如果你是窮人如我，那沒得選只好自己認命的背。還記得第一次來鳥取砂丘時，走上馬背只覺得有點累但不至於會罵髒話，這次背上10公斤的滑翔傘爬上馬背時，我每走一步都在罵髒話，而且還不是心裡罵是已經罵出來了。爬到馬背上時，根本覺得已經看到人生的盡頭，殊不知竟然還有更可怕的在等著我。

★領悟人生的滑翔傘飛行記

起飛前，教練會統一教導我們指揮口令，飛在空中時就依照大聲公中教練發出的指令動作。總共有四種動作：萬歲！左手！右手！兩手！教練一開始是用英文，結果left跟right發音超像，我們都一直舉錯邊，搞到後來大家火氣一觸即發（還是只有我），因此建議可以跟教練說講日文就好，米ㄍㄧ就是右邊、ㄏㄧ搭哩就是左邊，萬歲念起來跟中文沒兩樣，大家應該都懂。

在大家自己展開鋪好要用的滑翔傘後（對，自己的滑翔傘自己開），教練會幫我們穿上並扣好扣環，接著就是站在高處等待下面大聲公教練的指示。指示來臨時，一開始要一直往前跑跑跑、向前跑（有旋律的都是老人），這邊只要停下來就會飛不高，所以不要猶豫往前衝吧，向太陽怒吼！

飛在空中的樣子，大概是這項活動中最快樂的時候，可惜只有5秒左右。

跑到一半時就會感覺自己飛起來了，雖然很高但是一點都不可怕，剛剛的砂丘滑板還比較恐怖。在空中遠眺了大概5秒日本海，教練就會下指示要你降落，兩手同時拉下高度就會慢慢降低，最後順利著地！

講到這邊，大家應該不解為何我剛剛說，後面有更可怕的東西在等著我吧？因為降落之後，要自己把滑翔傘再背回去剛剛起飛的地方，等於又要再爬一次馬背上去！馬背的斜坡斜到人站在上面都站不穩，更何況是身上要背10公斤的傘上去？一天內就看到人生的盡頭兩次，真的是難得可貴的經驗。對人生感到絕望的朋友們一定要去試試，人生沒有最絕望，只有更絕望，現在完全不是谷底所以勇敢的活下去吧（好勵志的砂丘語錄）！

▲乘載萬年歲月的鳥取砂丘，今天也靜靜的等待大家來訪。

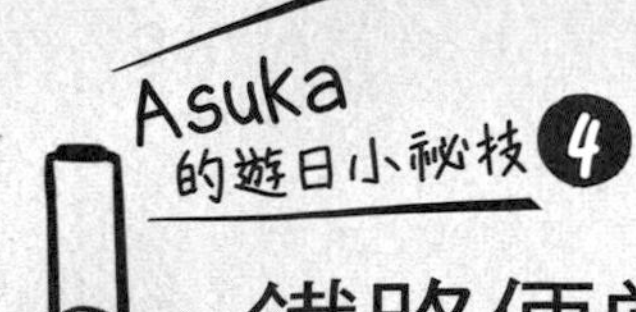

鐵路便當是鐵道迷的浪漫

● 駅弁のホームページ：
http://bit.ly/2N5pB81
● 全國駅弁排名：
http://bit.ly/2LddCDx

日本的電車宅分很多種類，其中鐵路便當宅也是其中一種宅（日本連阿宅都分類這麼細真是逼死人）。常去東京的人應該都知道東京車站下面，有家專門賣各地鐵路便當的店，若太晚去就幾乎賣光了，不然就是剩下人家不要的口味。但是我覺得在那邊買鐵路便當回家吃，根本就不算是鐵路便當，充其量只能說是百貨公司便當。所謂的鐵路便當顧名思義，就是要在奔馳的新幹線上面吃不是嗎？

日本的鐵路便當變化非常多，而且都是使用當地食材製作的，之前我在電視上看過有關日本鐵路便當的報導，這些便當都是純手工而且是人力下去包的，所以一天產量有限，難怪比較特別或是限定款的便當常常一下子就賣完了！

▲鐵路便當中我覺得最好吃的是仙台牛舌便當，而且要指名這個牌子喔！

▲便當旁邊有一條白線，拉下去後就可以加熱，打開後就是熱騰騰的牛舌便當囉！

▲這個便當外殼的益子燒可以帶回家。

▲內容物大部分都是我不敢吃的東西XD

▲大阪車站買到的鐵路便當。

▲栗子＋松茸真的是秋意濃。

鐵路便當裡面，有些比較特別以及得過獎的（日本連鐵路便當也在排名），像是長野的「峠の釜めし」、秋田的「鶏めし弁 」、仙台的可加熱牛舌便當、鳥取的「ゲゲゲの鬼太郎」便當等等，都融入當地的特色。你問我好不好吃？因為日本便當為了帶上車不要有味道影響到同車乘客，所以他們的鐵路便當都是冷的，冷掉的肉跟飯，我想台灣人應該不會喜歡這種味道。但不管如何，在新幹線上吃鐵路便當就是日本一種特別的風物詩，下次去日本如果要長途搭電車的時候，別忘了在車站先買個鐵路便當再上車囉！

神話氣息濃厚的戀人聖地
白兔海岸

- **地址**：鳥取縣鳥取市白兔603
- **電話**：0857-59-0047
- **交通方式**：從JR鳥取車站搭乘日之丸公車前往，約10分鐘即達白兔神社。
- **巴士路線圖**：http://bit.ly/2Kyf03k

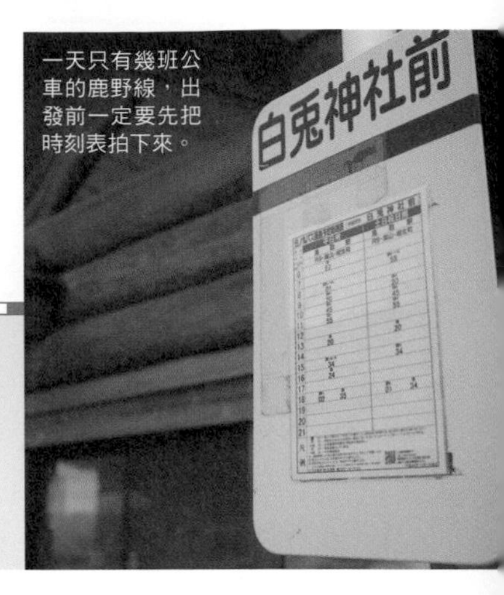

一天只有幾班公車的鹿野線，出發前一定要先把時刻表拍下來。

位於鳥取縣北方，有個神話發生地－白兔海岸，也被日本人稱為結緣的聖地，對來這邊祈求緣分的山陰女子們而言，當然是走過路過千萬不要錯過了。這邊要注意行程不要跟下個景點排太緊，因為公車單程就要40分鐘，到了白兔海岸後要記得把公車時刻表拍起來，如果錯過一班公車的話，很可能不小心要再等上2小時（尤其是非假日來時等公車，真的會等到花兒也謝了）。

▲約會不要選六本木，選這裡才對呀！

▲大國主大神與因幡白兔相遇的地方，就在白兔海岸。

因幡白兔與大國主神結緣之地

為什麼這裡被稱為結緣的聖地呢？一切都源自於「因幡の白うさぎ」（INABA NO SHIROUSAGI）這個神話，傳說從前有隻白兔要從遠方的島來到這塊土地，因為不會游泳所以欺騙了鯊魚，並經由跳過鯊魚的背來到岸邊。鯊魚發現被騙之後大怒，把白兔的毛給拔光（感覺好痛），此時大國主命（出雲大社所供奉的神明）及祂的兄弟們路過這邊，兄弟們跟白兔說只要用海水洗，再到山上吹風曬太陽就可以好了。白兔照做後皮膚更加紅腫疼痛，在海邊無助的哭了起來，大國主命看到了，就說要先用水門的清水洗滌全身，之後再用蒲草敷在身上，兔毛就會長出來了。

白兔照做後真的恢復到以前亮麗的皮毛，高興的跟大國主命透露，祂將來會跟美女「八代姬」結婚。後來正如白兔所說，大國主命抱得美人歸，從此之後這邊便被稱為結緣的聖地（故事好長），可能是因為神話加持的關係，感覺這個神社好像會特別靈驗呢！

▲光聽名字就覺得少女到不行的神社。

來參拜可愛的白兔大神吧！

下了公車之後，經過一座叫白兔步行橋的天橋（連橋的名字也很可愛），就可以看到白兔神社了。在前往白兔神社的小小參道上，兩旁都是可愛的白兔雕像，仔細一看才發現白兔的頭上跟身旁都充滿著白色的小石頭，連鳥居上面都是！沒錯，這邊的主祭神就是可愛的白兔神。

除了結緣之外，這邊的神德還包含動物醫療、治療皮膚病等等，因為兔子最後受傷的皮膚被治好了嘛。除此之外，這邊還有個傳說，如果能把白色的緣結石丟到鳥居上的話，戀情就能實現。於是乎，兔子跟鳥居都滿載著少女們的夢想（我想兔子們應該壓力很大，毛又要掉光了）。

參拜完畢之後，不要忘了順便買個御守回家，這邊連御守上面也有白兔，這種少女到不行的可愛東西，不帶一個回台灣怎麼行呢！

▼被放滿結緣石頭的可愛兔子，應該壓力很大吧！

▲白兔海岸與白兔神社間的人行橋，有個可愛的名字叫白兔步道橋。

▲通往神社的參道上，兩旁都是兔子在迎接大家。

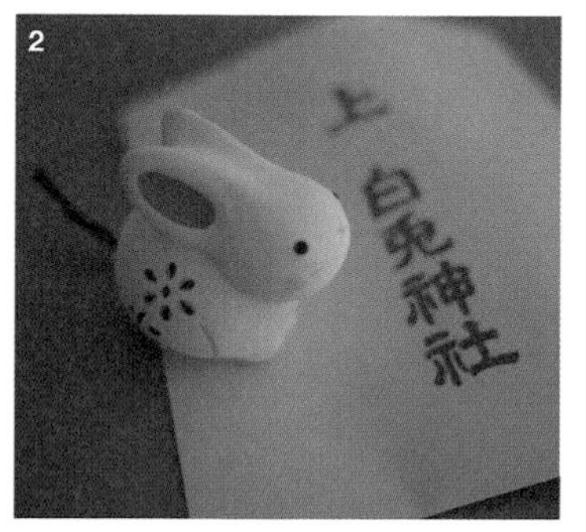

1.超級可愛的結緣護身符，連不需要結緣的老身也心動了！

2.連籤詩也是可愛的兔子喔！

遠眺日本海的白兔海岸

離開白兔神社後，可以到旁邊的白兔海岸去聽海哭的聲音，見到傳說中的日本海真的好感動。第一次我是在炎熱的6月拜訪鳥取，但站在這片海旁完全感受不到炎熱，吹著舒爽的海風順便發個呆，時間一下就過去了。推薦給錯過上一班公車、下一班還要等2小時的每一位捧由，帶著你的戀人，來這神話發生之地ㄙㄣˋ一下海風吧！

▲白天可以看日出，傍晚可以看夕陽的白兔海岸……但我來的這天卻是陰天。

▲日本家喻戶曉的童謠之一「大黑さま」（TAKUROU SAMA）的石碑，白兔神社手水舍的BGM也是這首。

這裡有柯南但沒命案請放心
由良

日文唸起來很可愛的由良站。

- **青山剛昌ふるさと（FURUSATO）館：**鳥取縣東伯郡北榮町由良宿1414
- **電話：**0858-37-5389
- **交通方式：**JR由良車站步行約20分鐘即達。

紅遍全日本的東京雙煞之一江戶川柯南，應該沒有人不認識吧（有的話一定要告訴我，因為你是稀有動物這輩子我一定要見上一面），作者青山剛昌就是鳥取由良出生的，他在這邊待到念完高中結束，可以說是學生時代都在這裡度過。於是這個不起眼到不行，途中下車都不會選到的小站，就這樣變得不平凡了起來。想要追尋東京死神……喔不，是柯南軌跡的人，請一定要來由良小鎮一趟。

▲歡迎光臨死神小鎮……喔不，是柯南小鎮。

▲原本是個很小的地方車站，因為青山剛昌一炮而紅。

可以見到柯南的小鎮 —— 北榮町

由良車站在米子站與鳥取站的中間點，從米子出發的話車程其實不算近，大約要搭1小時的電車。這種鳥不生蛋（沒禮貌）的地方，沒有愛真的不會想來。但如果你是柯南迷的話，從一下電車你就會處於極度興奮的狀態，因為有一面超大的柯南看板在歡迎你。除此之外，連樓梯都是漫畫第一集的封面！天啊，我小學5年級的年代物了（暴露年齡），但撇除這些，由良站真的就是個無人小站，千萬不要抱持會有藥妝店的心態前來（只有我吧）。

一直往前走會遇到柯南大橋，通往橋的路被稱為柯南大道，沿途都有柯南雕像跟石碑陪著你，所以不用怕走錯路，沿著石碑一直走就對了。如果跟我們一樣炎炎夏日去，記得要擦防曬油跟穿長袖，我那次光從車站走到青山剛昌

▲車站前的景像就如上圖，有沒有落葉飄過的感覺……

▲柯南大道上，沿路都有石碑（？）陪著各位。

▲過了柯南大橋就快到青山剛昌ふるさと館了！

ふるさと館，手就被曬出手錶痕，到現在還沒消！路途約有1公里，說長不長但就是剛剛好會被曬黑的距離（翻白眼），就在走到快昇華的時候，終於看到青山剛昌ふるさと館，門口就擺著阿笠博士的那台車所以很好認。

青山剛昌ふるさと館除了固定的展覽之外，還會有不定期的特別展，要出發前可以先上官網看看。另外，這個展示館是要門票的，一位大人日幣700日圓，但我想若是柯南迷的話，當然不會介意這點小錢的對吧？

◀好不容易攔到一位路人幫我們拍照（路上完全沒人是怎樣！）

▲終於快到了！從車站走到青山剛昌ふるさと館，路途約有1公里。

▲阿笠車配美人（不接受任何投訴謝謝XD）。

漫步在這無人小鎮的路上，也很替日本鄉下這種地域活化性的政策所感動。原本是個不起眼的小鎮，要帶動人潮最快的方法就是發展觀光，有了附近鬼太郎境港的借鏡，由良也跟柯南結合走出自己的一片天。至少它讓身為台灣人的我，因為柯南的關係而踏進了這個小鎮，甚至還寫進了書裡。請繼續加油，可愛的由良小鎮！

▲希望很快能再見到你，可愛的小鎮、可愛的藍天！

▲回程遇到的柯南列車！（新一好帥啊啊啊啊）

百鬼夜行的鬼太郎故鄉 境港

\いこう!!/

- **境港市觀光案內所地址**：鳥取縣境港市大正町215みなとさかい交流館1F
- **電話**：0859-47-0121
- **交通方式**：從米子車站搭乘JR西日本境線前往，於境港下車徒步即可抵達。
- **電車時刻表**：http://bit.ly/2Og0bF5
- **鬼太郎列車時刻表**：http://bit.ly/2LWBukj

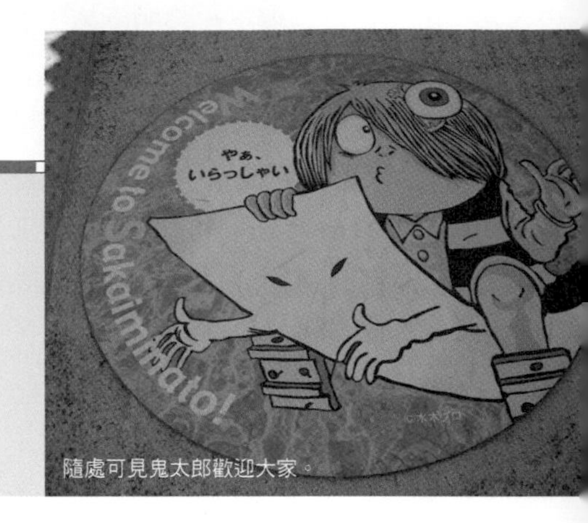

隨處可見鬼太郎歡迎大家。

「ゲッ ゲッ ゲゲゲのゲー」（GE GE GEGEGENOGE）相信大家看到這個開頭，應該旋律就在腦海中迴響起了吧（好吧我承認只有我），小時候老媽常常帶我去市立圖書館看書，但你們也知道，小孩子只想看漫畫誰想看書，而圖書館唯二有放的漫畫就是哆啦a夢跟鬼太郎，於是乎不知不覺中我就默默的把鬼太郎看完了。雖然是被強迫看完的（？），但它畢竟佔了我童年的一小部分，所以一直都很想來看看境港這個地方。畫鬼太郎的水木茂老師就是在境港長大的，這邊有著老師孩提時代的一切以及鬼太郎點子的來源，喜歡老師作品的人千萬不能錯過唷！

搭上鬼太郎列車前往境港

要前往境港，最方便的方式就是在米子車站轉搭境線前往，從米子站開始就很有鬼太郎的氣氛，除了車站有妖怪的裝飾之外，連車子裡都充滿鬼太郎喔！2018年1月也更新了所有車輛，以全新的風貌跟大家見面，分為眼球老爹、貓女、鬼太郎等等總共6種樣式，想每一台都坐到的人可能要花上不少時間。鬼太郎列車不光是外觀，連裡面的內裝也毫不馬虎，不得不佩服日本的觀光列車，除了有各式各樣主題之外還製作的很精緻，喜歡該主題的人會拍照拍得很開心！

1.去程我們坐到貓女專車喔！
2.前往境港的月台在米子車站的0號月台，有種很神祕的感覺。
3.日本的特殊列車，連內裝也完全不馬虎。
4.日本很多很有趣的地名呢！

歡迎光臨妖怪之國——水木茂之路

從車站出來之後，馬上就充滿著妖怪的氣息，水木茂之路始於1993年，一開始只有20幾座妖怪雕像，慢慢增加至現在已超過100座妖怪雕像，在漫畫中出現過的妖怪這邊都有，真的堪稱百鬼夜行。走在這條路上兩旁都是妖怪，不僅不覺得可怕還覺得很可愛，我最喜歡的兩隻妖怪就是一反木棉、塗壁。小時候很怕妖怪跟鬼魂，但長大之後發現跟人心比起來，其實妖怪還是很可愛的，畢竟看不見的東西不可怕，可怕的是能看見卻不知道他在想什麼的人啊（突然哲學了起來）。

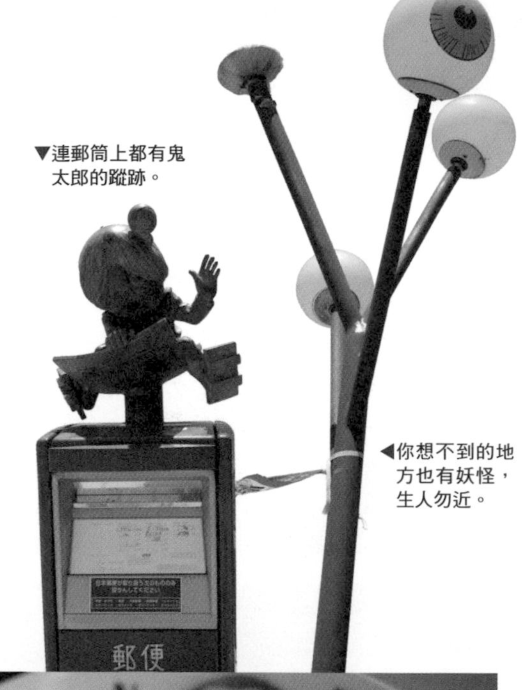

▼連郵筒上都有鬼太郎的蹤跡。

◀你想不到的地方也有妖怪，生人勿近。

▲鬼太郎跟眼球老爹就坐在路邊。

▲連麵裡也有鬼太郎……真是無所不在。

進入老師的漫畫世界 —— 水木茂紀念館

沿著水木茂之路一直走，會抵達水木茂紀念館，這裡展示老師的漫畫及收藏品，喜歡水木老師的朋友一定要進來看看。另外，紀念館外面還會寫上今天在街道上出沒的妖怪有哪些，像我那天去的時候是鬼太郎跟貓女！

我們在館外看到很無聊、沒人理的貓女，於是趕快上前與牠拍照，後來回去的路上又遇到鬼太郎，我忍住想對他唱歌的衝動與他合照。

最後我在妖怪神社抽籤，這邊的籤是電動的，投錢之後會有一隻妖怪把籤端出來，整條街道明明充滿著昭和氣氛，但是神社倒是很先進，這奇怪的衝突感讓我留下很深的印象。

◀水木茂紀念館外，看到發呆中的貓女，趕快一起合照。

◀回去的路上看到鬼太郎在閒晃，這邊的妖怪都很Free呢！

▲連剪頭髮的店也要配合鬼太郎，在這邊開店感覺壓力好大（？）

▲妖怪神社的籤，是這樣由妖怪「端」出來的喔！

探訪日本神話的起源地
出雲大社

- **地址**：島根縣出雲市大社町杵築東195
- **電話**：0853-53-3100
- **交通方式－東京出發**
  1. 從東京出發搭新幹線在岡山轉車，換乘特急やくも在出雲市下車（約需6小時30分鐘）。
  2. 從「出雲市」站搭乘前往「出雲大社」、「日御碕」或「宇龍」方向的一畑巴士，約需25分鐘。
- **交通方式－岡山出發**
  從岡山出發比較快，可省略新幹線這一段，當初我就是從岡山前往山陰地區的喔！現在虎航也可以直飛岡山，要前往山陰地區變得更方便了。

JR出雲站也是特有的大社造造型，從這邊就開始充滿神話氛圍囉！

說到島根縣，日本人第一個想到的一定是出雲大社，但日本人對島根縣的印象非常薄弱，甚至常常發生到底島根在左還是鳥取在左的爭執（這兩個縣真是難兄難弟，常並列47都道府縣倒數兩位）甚至台灣人到處都能買到的星巴克，這邊一直到2013年才有第一間，剛開幕時還大排長龍，是不是覺得很不思議呢？

島根縣最大城市叫做「松江」，從松江車站坐電車就可以到達出雲市。舊名出雲的島根是個被神話圍繞的土地，傳說中日本的八百萬神明（八百萬只是泛指很多的意思，其實神明超過八百萬位）會在舊曆的十月來到這邊商討接下來一年間人與人的緣分。也因為如此，舊曆十月時日本的其他地方都稱作「神無月」，只有島根市稱作「神在月」喔！如何？光這一點是不是就有點讓你躍躍欲試，想要探訪這個神話之地呢？

與伊勢神宮並列日本神宮及神社頂點的出雲大社，祭拜的是大國主大神。《古事記》中記載，當初天照大神要求大國主大神將葦原中國（也就是現在的日本）讓給他，大國主大神提出的條件就是在這塊地上蓋一座跟皇孫住所一樣，由又粗又硬的木頭建造起來，並且要直達天際的皇宮，這也就是出雲大社的原型。依據出雲大社的社傳所述，出雲大社的本殿在平安時代時高度為48m，古代時的高度更達到96m，真的可以說是個巨大神殿呀！

▲這地勢稱為「勢溜」，原本是密密麻麻的松林，為了能聚集人潮而將松林切開。

出雲大社的祭拜方式

出雲大社有很多跟別的神社不一樣的地方，像是我們進入神社祭拜時通常都是「二拜二拍手一拜」，但出雲大社這邊卻是「二拜四拍手一拜」。其實在主祭典時是拍八下手，源自於對神明無限大敬意的意思，但平常可以省略成四拍手即可，大家來這邊向神明祈求時可別忘了喔！

神啊！請賜我美好的良緣

出雲大社近年來因為廣為宣傳，在日本女生中蔚為風潮，來這邊的人大部分都是為了祈求良緣。但這姻緣可不只是男女之間的緣分，任何人與人間的緣，像是工作上的人脈、朋友間的關係等等，都是出雲大社在管理的。當年我去的時候，就是抱持著「不管啦！我要一條超粗的而且不會斷的紅線，快給我」的心態，不成功便成仁！

▲八百萬神明的聚集地，去過日本這麼多地方，總覺得出雲的天空特別美麗，也許是因為有神明加持。

向神明許願時，中文講完又再用日文覆誦一次，而且連我的姓名、地址都講了，還一直跟神明強調我是從台灣來的欸（誰管你）不知道神明是否覺得我很恐怖，回來台灣沒多久就遇到現在的老公，而當時跟我一起去的朋友，他許的願望竟然也成真了！

我們去的時候是六月份，正好有一個颱風從台灣往日本襲來，我朋友很怕會影響到回台灣的班機，他居然來出雲大社許「希望可以順利回台灣」這種願望……我當下聽到都快氣死了想把她丟進日本海去。好吧，後來颱風是真的走到一半就變低氣壓了，沒想到大國主大神不只管姻緣還能管氣象變遷嗎？

透過遷宮保留特有的「大社造」

出雲大社跟伊勢神宮一樣會進行遷宮，遷宮指的就是把原本的建築物整個打掉，在旁邊的空地上蓋一座一模一樣的建築。伊勢神宮是20年遷一次，出雲大社則是60年遷一次。我第一次來這裡是2013年，剛好是出雲大社剛舉行完本殿遷座祭的時候，又被稱為「平成的大遷宮」。同年，正好適逢伊勢神宮20年一次的遷宮，伊勢跟出雲的神明們同時重新復甦，是百年也難得一遇的好時機。

▲這個屋頂就是出雲大社特有的「大社造」，請注意看屋頂上的那兩條「千木」，主祭神是男神的話就會是往外削的方式。伊勢神宮的屋頂跟出雲大社剛好相反，所以伊勢神宮祭拜的是男神還是女神呢？

遷宮的實質作用其實是為了保留日本的傳統技能，而出雲大社的建築樣式是全日本獨一無二的「大社造」，透過遷宮這種活動，讓職人得以將技藝傳承給下一代，避免傳統建築技能流失。出雲大社60年才遷一次，習得這個技能的師傅一輩子頂多也就用上一次，儘管如此，還是代代相傳了下來。這點我覺得非常值得學習，也正說明了為什麼日本的傳統都能很完整的保留下來。

劃分神域與現世境界的「注連繩」

出雲大社還有一個大看點就是神樂殿的注連繩，它是全日本最大也最重的注連繩，長有13.5公尺、重達4.4噸，站在下面的壓迫感可不是蓋的啊！注連繩上可以看到很多硬幣卡在上面，謠傳說硬幣往上丟可以卡住的話願望就會實現，但這其實是不對的喔！注連繩代表的是神明與人間的分界線，在代表神明領域的注連繩上卡錢幣，怎麼可能願望會實現呢？甚至是不敬的行為，大家要注意喔～

▲神樂殿的注連繩是全日本最大也最重的，長有13.5公尺，重達4.4噸。

除此之外，出雲大社的注連繩跟全日本其他的神社相反，它是由左往右編，因為出雲大社自古以來都以左為大，所以繩結也是左壓右，境內的神明也是左邊放位階較大的神，右邊放位階較低的神明。

品嚐出雲特有的神在（ぜんざい）（ZENZAI）

得到強大的靈力離開了出雲大社後，參道上的店家也不容錯過。這邊要跟各位介紹一個島根獨有的東西－「神在」，一般日本人稱作「善哉」，其實也就是台灣講的紅豆湯圓啦！這裡不管什麼都要跟神明扯上關係，於是原本是善哉（ぜんざい）的紅豆湯圓，被改成神在（ぜんざい），有沒有一絲絲浪漫的感覺啊？

▲神在（ぜんざい）就是紅豆湯圓，有分冰的跟熱的喔！

▲充滿少女心的街道。

▲位於出雲大社前的ご縁横丁。

漫步於迎神之路參拜阿國之墓

離開出雲大社後，先不要急著離開，旁邊有一條小路叫做「迎神之路」，這條路一直走可以走到「稻佐之濱」。海邊佇立著一塊很大的石頭，像是有人特別放在這邊一樣，它叫做弁天島。農曆10月10日（神在月）的迎神祭時，晚上會在這個海邊點燃火苗，邀請八百萬神明前來，神明從「稻佐之濱」降臨後，沿著「迎神之路」一路聚集到出雲大社的神樂殿，然後各路神明便會在這邊開會決定人與人的緣分。

除此之外，這條路上還會經過出雲阿國之墓。出雲阿國原本是出雲大社的巫女，為了出雲大社本殿的修理費用，而踏上了各國巡演之旅，也是日本歌舞伎的創始者。結束一世風靡的阿國再度

▲稻佐之濱海邊，從出雲大社步行約15分鐘抵達。

回到了出雲，並出家為尼，在讀經聲中度過餘生。

現在可以看到的阿國塔，是歌舞伎名門「中村」、「市川」兩家，由當時的名演員們捐款建造而成，到現在還是不時會有歌舞伎的粉絲們，來到這邊參拜阿國的墓喔！

▲阿國之墓的入口。

搭乘一畑電車前往下一站

要離開出雲市回到松江時可別忘了來坐坐當地鐵道「一畑電車」，暱稱為ばたでん（BATADEN）。這個從大正3年開始運行的路線連接了松江到出雲，是當地居民上學通勤的主要路線。

在充滿大正氣息的車站內等待前往人生的下一站，坐在搖晃著鄉愁的車廂內想著，也許剛剛在出雲大社得到的神力將載我前往命定之人的身邊呢！

▲一畑電車連接了松江到出雲，是當地居民上學通勤的主要路線。

▲票根也很有大正風味。

戀人在何方？鏡池占卜告訴你
八重垣神社

▲八重垣神社是島根縣中非常有名的「能量景點」之一。

- **地址**：島根縣松江市佐草町227
- **電話**：0852-21-1148
- **交通方式**：從松江車站搭乘巴士前往，在八重垣神社站下車即達。
- **巴士時刻表**：http://bit.ly/2O9oDrx
- **緣結び八重垣**：http://bit.ly/2LXx3VF

八岐大蛇傳說發生之地，主祭神為素盞嗚尊與稲田姫命。

說到島根縣，大家最先想到的應該都是出雲大社，但其實在充斥著少女心的「乙女島根」，還有一間以結緣聞名的神社，也就是本篇要介紹給大家的八重垣神社。主打著可以締結良緣的能量景點，它可是在少女間引起不小旋風！這裡距離松江車站不遠，搭乘巴士出發約15分即可到達。

浪漫神社傳說——八岐大蛇與稻田姬命

在介紹八重垣神社前，要先跟各位說一個故事，不知道大家有聽過八岐大蛇的傳說嗎？如果沒聽過總該見過八岐大蛇吧（因為電動裡面牠常常客串最終BOSS）。傳說中牠是條有著8個頭、8條尾巴並且會吃人的怪物，有天叫做素盞嗚尊的神明，經過一對老夫婦的家，看到老夫婦抱在一起哭，原來這對老夫婦原本有8位女兒，但八岐大蛇每年都來跟老夫婦要祭品，要每年獻給牠1位女兒，一直到今年只剩下最後的小女兒稻田姬命。

於是，素盞嗚尊就跟老夫婦約定好，如果打敗了八岐大蛇就要把女兒嫁給祂。素盞嗚尊首先把稻田姬命藏在「佐久佐女森林」中，之後準備了8桶烈酒，讓八岐大蛇的8個頭都喝得醉醺醺睡著了，於是素盞嗚尊就趁機把八岐大蛇的8個頭都砍下來，成功的打敗牠，最終老夫婦也遵守了約定，讓稻田姬命嫁給了素盞嗚尊。

▶境內占地不大，但是很多參拜客聞名而來。

▲神社的繪馬上，有美美的稻田姬命。

這個故事聽起來是不是像連續劇般浪漫呢？面臨危機的公主最終被王子所救，完全照著SOP一模一樣（喂），因為這兩人的婚姻是正式取得稻田姬命父母所許可的，於是八重垣神社從此就被視為結緣、夫婦和睦、安產的神社，而八重垣神社的主祭神，就是剛剛故事中出現的素盞嗚尊、稻田姬命喔！

締結良緣的證明「夫婦椿」

八重垣神社境內有幾株非常有名的椿樹，明明根部是分開的，但到了樹幹的部分卻連結在一起變成同一株，看起來就像是一對感情非常好的夫婦，於是被稱為夫婦椿。據說，境內的夫婦椿只要枯萎了後，必定會在其他地方再長出來，而且樹幹也是連在一起，目前境內已經有3株這種夫婦椿，真的非常不可思議。會不會是稻田姬命其實還在神社內默默的守護著大家，希望每位去參拜的人都能像自己一樣與心愛的人長長久久呢？

▲根部明明是分開的，樹幹部分卻很神奇的連在一起。

稻田姬命啊！請告訴我戀情在哪裡？

八重垣神社最有名，也是參拜客來這邊最大的目的就是鏡池占卜。神社的後方一直往裡面走，就是傳說中素盞嗚尊藏匿稻田姬命，以及跟大蛇大戰的「佐久佐女森林」（森林裡面蟲很多要小心）。在瀰漫著一股肅殺氣息的森林中有座池塘，旁邊圍繞著一群對著漂浮於水上的紙碎碎念的單身女們……沒錯，這邊就是鏡池了。

這座池塘之所以叫做鏡池，是因為當初稻田姬命躲藏在這裡時，天天都喝這個池塘的水且用它來照鏡子，因此得名。提醒大家，來鏡池之前記得先在拜殿旁邊賣御守的地方，買占卜用的紙，但只能從第一張拿不能挑喔！

占卜的方式很簡單，把剛剛買的空白紙放在水裡，上面再放上一枚10日圓或是100日圓（要放1圓也可以，但要有沉不下去的心理準備），接著就是觀察紙什麼時候沉下去。沉的速度代表緣分來臨的時間，沉下去的地方如果離你很近，代表緣分就在身邊，反之亦然。

▲順著這個牌子往前走，就可以到達鏡池。

▲剛買來的占卜紙是一片空白，看不出來有寫字。

▲沉下去的那一刻，來吧我的戀情，我準備好了！

我當時是用10圓日幣，而且放下去之前超緊張的，很怕永遠飄在水面上怎麼辦，就要當女版羅漢腳了。等了差不多10分鐘都沒有要沉下去的跡象，我心裡想說「完蛋了啊」，於是我趕緊雙手合十祈願希望能有個好姻緣，結果我一許完願紙就沉下去了，用迅雷不及掩耳的速度！本來還得意洋洋的想說這紙沉的速度蠻快的嘛，結果這時隔壁來了位阿伯，他紙才剛放進水裡下一秒就沉下去！好吧，我只能說在場的少女們全都輸了（阿伯來這邊湊什麼熱鬧）。

吃碗神在（ぜんざい）再走吧！

玩完（？）鏡池占卜之後，別急著搭巴士回家，在八重垣神社旁邊有一間叫做「縁結び八重垣」的咖啡廳，除了裝潢很少女心之外，這裡的紅豆湯圓也滿好吃的。第一次去出雲的時候是炎炎夏日，從鏡池滿身大汗的來到這間有冷氣的咖啡廳，根本就像來到天堂（可能是這樣所以覺得東西加倍好吃），這邊除了吃東西外，還有賣一些可愛的紀念品，像是結緣的手環等等，離開八重垣神社前別忘了來這邊走走喔！

▶冷的神在（紅豆湯圓）裡面有一個愛心型的湯圓，少女心爆棚了啊！

◀位於八重垣神社旁邊的少女心咖啡店。

在日本變髮，真的很簡單！

● 預約網站
（Hot pepper beauty）：
http://bit.ly/2nWgeg8

不知道大家有沒有固定習慣給哪一間店整理頭髮呢？在台灣如果要指定設計師的話通常都要加錢，如果指定要「日本人」剪的話，那金額真的是貴上加貴（還是只有我覺得貴）。在日本唸書的那一年，想當然我不可能為了剪個頭毛就飛回來台灣，勢必要硬著頭皮在日本剪，得用日文跟設計師溝通。基本上我連在台灣跟設計師溝通都有障礙，更不要說在日本了，因此第一次去日本剪髮時我很緊張（羞），沒想到自從那次之後，我就再也離不開日本髮廊了！因為日本不只剪頭髮、染頭髮都比台灣便宜，最重要的是，不用加任何指定費，肯定是日本人親自操刀幫你剪（當然若你去南青山裏原宿那種藝人模特兒們御用髮廊就會比較貴）。

相信有許多人會問，不會日文也能在日本變髮嗎？如果你不會日文的話，可以事先找好你想要的髮型照片，當天帶給設計師看，剩下的就是靠比手畫腳跟心靈溝通了。但你不用擔心他們會剪得亂七八糟，日本人非常小心，剪髮絕對都不敢大刀闊斧，他們都是一點、一點的剪，還會隨時跟你確認。

染髮也是，我每次去日本都說我要染很紅很亮，結果染出來都比我心中想像的還要暗非常多，可能也是因為日本人幾乎沒有在染很淺的顏色，除非你工作是模特兒或藝人，不然一般上班族女性頂多就是深咖啡色而已，所以如果你是要染大金毛的話，台灣可能比較適合你喔！

預約日本髮廊Step by Step

預約日本髮廊有個很好用的網站叫「Hot pepper beauty」，大家記得申請會員，因為每次消費完網站都會幫你計入點數，這些點數在下一次消費時都可以直接扣抵，非常划算！

★預約步驟

第一步先選你要去的日本區域。

1 登入會員之後，到首頁選擇你這次要去的區域，假設這次要去關東地區，點進去後會自動進到東京23區的區域。

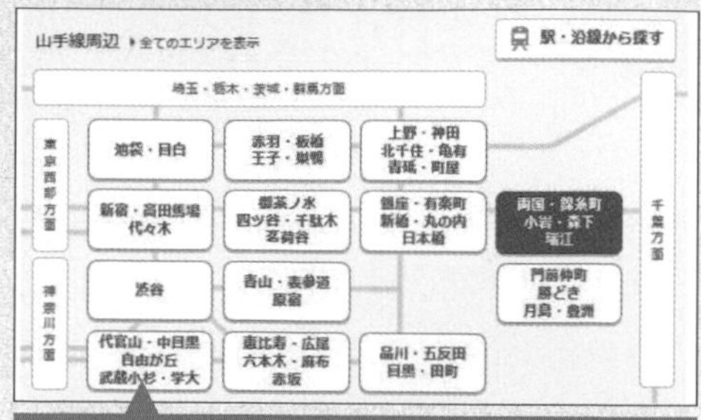

點進關東之後會自動出現23區，再選你這次預計鎖定的區域。

2 再來就選擇髮廊的所在地，這邊依照你所選的區域不同當然變髮價格也會不同，像是銀座、青山表參道等等當然就會比較貴，像我的話都是找比較下町的地方所以較便宜，像是錦糸町之類的，不在山手線上的站（窮酸）。

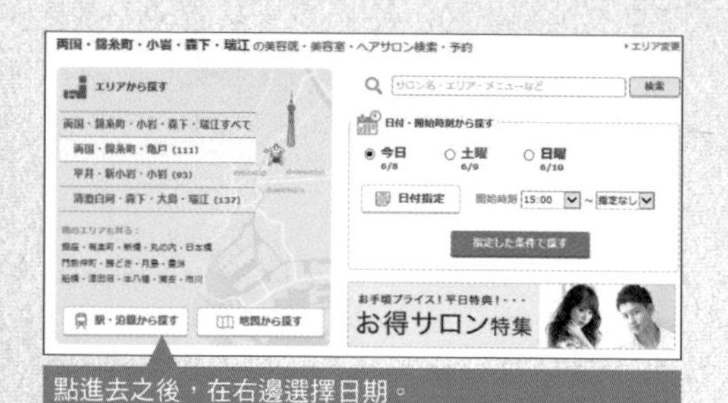

點進去之後，在右邊選擇日期。

3 預約日期最遠只能預約到下個月底，建議可以在出發前2個月就來預約喜歡的髮廊囉！

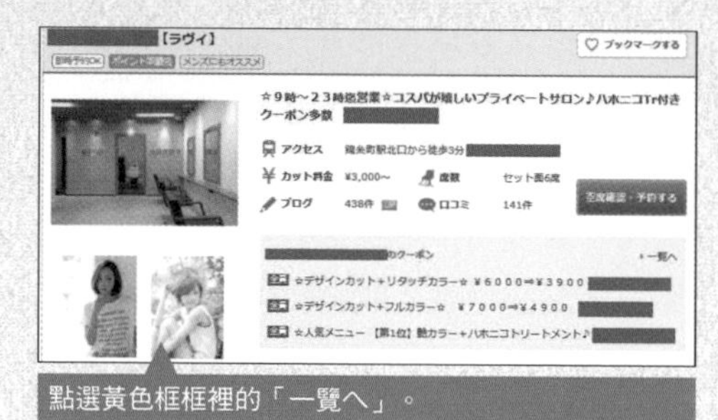

點選黃色框框裡的「一覽へ」。

4 接下來會出現一大堆髮廊，精挑細選之後點進想去的店家。

日文常用變髮單字

- **カット**：剪髮
- **前髮カット**：剪瀏海
- **カラー**：染髮
- **パーマ**：燙捲
- **トリートメント**：護髮
- **ヘッドスパ**：頭皮SPA
- **シャンプー、ブロー込み**：含洗髮與吹乾
- **ロング料金別**：長髮要加錢

5 網站上的髮廊多如天上的繁星，而且他們照片都拍得很美，很難看出差別，大部分都是要看運氣跟有沒有對到你的口味。我在日本剪髮數10次，每次去的髮廊都不一樣，但每間幾乎都不會讓我失望，舉凡福岡、岡山、京都、東京、盛岡都有我剪髮的痕跡，每間也都在水準之上，應該是不用太擔心。除此之外，利用這個網站的coupon後，大部分剪+染都可以壓在5000日圓以下，換成台幣的話才不到1500元，這在台灣根本是不可能會有的便宜價格，但在日本卻很普遍（可能因為競爭也多）。

點進來coupon之後選擇那天你想進行的項目，假設選擇第2個剪＋染，使用這個coupon就只要4,900日圓，而且設計師一定是日本人。

最上面有寫到需費時1個半小時，以及選擇設計師。

6 最後點右邊的空席確認。

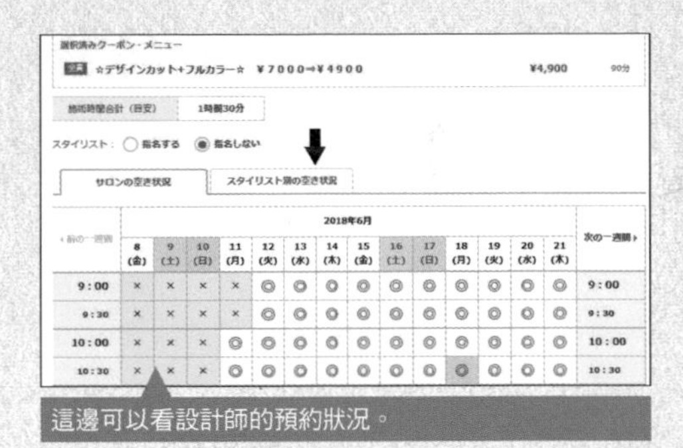

這邊可以看設計師的預約狀況。

7 如果要選擇設計師的話，可以點另一個sheet看設計師的預約狀況。

填入自己的個人資料。

8 全部選好之後就進入輸入個人資料的畫面。

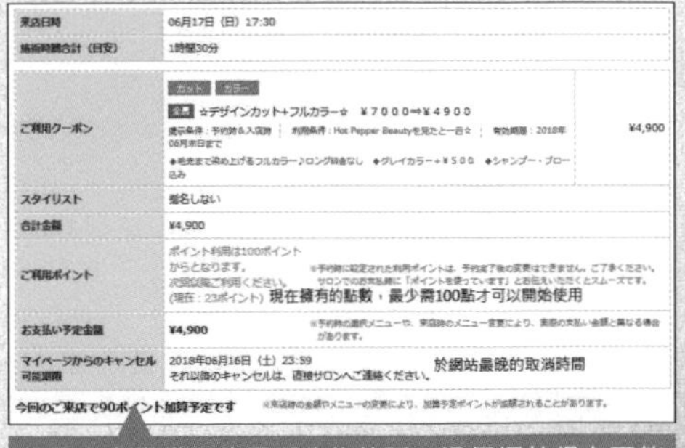

如果大家常常預約了卻失約的話，這個網站很有可能以後就會鎖海外IP了喔！

9 接下來就是最終確認畫面，請大家一定要遵守「預約了就要出現」這個原則，如果不能前往要記得事先取消。

讓你女子力UP的美肌溫泉
玉造溫泉

- **地址**：島根縣松江市玉湯町玉造32-7
- **電話**：0852-62-0634
- **交通方式**：從松江車站搭乘約10分鐘電車前往，在玉造溫泉站下車，轉搭一畑巴士約5分鐘即達。
- **巴士時刻表**：http://bit.ly/2AJdADB
- **浴衣租借**：http://bit.ly/2OfVZVV

參拜完出雲大社、八重垣神社，獲得強大的結緣神力之後，我們女孩兒可不能就只是白白等著姻緣上門。正所謂機會是留給準備好的人，為了讓緣分找上自己時能夠單手就緊握住紅線，就必須讓我們內外在都要變美麗！

內在嘛……不是我負責的範圍，外在的話就一定要來島根這個傳說中入浴一次便能讓肌膚返老還童、兩次可以治百病，被人們稱做神之溫泉的玉造溫泉（怎麼聽起來很像直銷）。

▲JR玉造溫泉車站外觀很有神話的氛圍，也可以看出這邊的特產是勾玉。

▲順著標誌走，大約20分鐘可以到達溫泉街。

日本最古老的「神之溫泉」

在出雲國風土記的記載中，1300多年前玉造溫泉就已經以名湯聞名，屬於日本古老的溫泉之一。功效除了有美白效果之外，還有去除肌膚多餘的角質跟保濕效果，原來日本女性的愛美從一千多年前就開始了，姬神大人默默在這邊守護各位愛美的女性，也默默看著大家成就各自的緣分，想到這邊，就覺得心頭一陣溫暖，想要趕快跳進溫泉裡美肌一下。

如果不想花太多錢或是嫌泡澡很麻煩的人，這邊沿路都是足湯，不想泡全身也可以隨意脫下鞋子暖暖腳。不要以為這路邊的溫泉不可能多燙，我原本也是抱著這種想法一腳就踩進去，結果燙到爆炸，根本是在燙豬肉，大家愛助以吶！

另外，坐在這邊泡腳時，可以發現到處都有勾玉的圖案，原來這邊自古以來除了溫泉聞名之外，位於東側的「花仙山」，因為盛產品質良好的青瑪瑙，所以附近也以製作勾玉頗負盛名，日本三神器之一的「八尺瓊勾玉」也是這邊做出來的，這就是玉造溫泉名字的由來。

▲溫泉街上隨處可見勾玉造型的裝飾。

▲橋下的玉湯川整條都是溫泉，可以隨意泡腳，當中也可以見到勾玉造景。

▲隨意脫下鞋子，即可享受足湯。

穿上浴衣漫步溫泉街道

一到玉造溫泉街後，我們馬上就去租浴衣！因為宣傳本上的照片，日本妹都穿浴衣拍照，我早已嚮往許久啦～含浴衣、木屐、手提包整套租借，只要1944日圓，還可以免費借用雨傘跟洋傘，超級划算！在這個充滿少女情懷的溫泉街上穿浴衣一點都不突兀，連拍照都非常體貼的幫你想好了，以往合照都要找路人甲幫忙，但在這條街上完全不用，在適合拍照的景點前面都會有個相機台，定時自拍完全不求人，是不是很體貼？這到底是誰設計的，我要頒諾貝爾發明獎給他！

▲整套租下來，竟然不到2000日圓！

◀溫泉街上到處都有這種拍照不求人的照相台。

▲你的飼料是招來鯉魚還是戀情呢？

既然是充滿少女心的街道，有一些少女式的占卜也是很合理的。像是路邊有個養鯉魚的小池塘「恋来い井戸」，因為諧音的關係（日文中鯉魚跟戀情的發音一樣），相傳只要丟飼料進去池裡且出現鯉魚的話，代表不久你的戀情也會出現。基本上你飼料丟進去若鯉魚沒過來，那些魚才應該要去看病吧（？），總之這就是個可愛小占卜（是否少女心已燃燒）。

姬神大人啊！請實現我的願望——玉作湯神社

沿著玉湯川一直走，會看到一間玉作湯神社，如果說剛剛那個鯉魚池有讓你少女心燃燒的話，這邊還有個會讓你少女心爆破天際的傳說。神社的鳥居前面有座紅色的橋「恋叶う橋」，有一說是拍照的時候，如果橋跟鳥居都能同時入鏡的話戀情就能實現。自拍技術很差的朋友不用擔心，這座橋上面也設有自拍不求人，位置都幫你喬好了，包準你拍的時候橋跟鳥居都能同時入鏡（溫馨）。

◀完美的將鳥居和紅橋盡收相機裡，實現我的願望吧！

拍完照之後，橋的對面就是姬神大人居住的玉作湯神社，這裡以可以實現願望的石頭而聞名。在社務所買了實現願望的小石頭後，拿到許願石的地方以清水洗淨，敲敲許願石，並在心中默許3次願望，這樣許願石的力量就會傳到手中的小石頭，就是顆具有守護力量的護身石了！接下來就是看姬神大人，願不願意實現你的願望囉！

另外，路邊還有自助式的溫泉化妝水，因為玉造溫泉的水具有保濕的功效，所以美肌效果也是一流。至於付款就是各憑良心，每個瓶子200日圓，但是沒有人在監視，日本鄉下常常會出現這種買東西兼測試良心的試驗（守規矩的日本人很禁得起測驗）。泡了美肌溫泉，也帶了美肌水回家，準備妥當的少女們，就只需要等待戀情來臨囉！

▶一罐200日圓的美肌水，我放了很久都捨不得用。

1.可以實現你願望的許願石 。
2.日本國內少見的親子狛犬，超可愛！
3.瓶子自己從旁邊拿，測驗你的良心（小心姬神大人在看你）。
4.路邊的美肌溫泉化妝水（自助式）。

竟然連日本郵局也這麼好買？

- **東京中央郵便局地址**：東京都千代田區丸の內2-7-2
- **日本當地明信片**：http://bit.ly/2MrK0rJ
- **日本郵便局搜尋**：http://bit.ly/2w1La30

▲通常在車站附近都會有一間當地郵局。

每位去過日本的旅人都知道，日本非常好買，出發前根本不需要列清單。因為日本可以買的東西根本俯拾即是啊！這裡要介紹的是大家可能很難想到，但真的非常好買的地方－日本郵局。什麼！連郵局也很好買？看到這裡大家應該覺得我瘋了吧？但多年來我一直致力於推銷日本郵局，身為日本郵局領頭羊（？）的我，不在書中再次鄭重介紹，實在說不過去。

▲東京中央郵局的入口（東京車站丸之內口一走出去就可以看到）。

各地都道府縣都會有一個最大間的中央郵局，東京都的話就是東京車站丸之內口前的東京中央郵便局（KITTE大樓的一樓）。中央郵便局顧名思義就是東西比較齊全，有些還會賣限定的明信片跟紙膠帶等等。

除了東京中央郵便局外，京都中央郵便局也會賣限定的周邊。當年我為了收集各地限定明信片時，常常到了一個地方就先上日本郵政的網站，查附近哪裡有郵局，也常常上日本郵政的網站check是否有新貨上市呢！

日本郵局分類

- **綠色招牌**：「ゆうちょ銀行」，類似我們的郵局儲金，負責提款存款，一般觀光客不會用到。
- **紅色招牌**：這是「日本郵便」，負責寄信、賣明信片、賣周邊、賣賀年卡等等。
- **藍色招牌**：這是郵局的保險業務，這邊就不再贅述了。

收集迷必買！各具特色限定明信片

當初會注意到日本郵局很好買，是因為留學時常常去郵局領錢，然後就發現郵局居然會季節性的變化明信片，還有地方字樣限定！季節性變化是指例如秋天，就會出現月兔搗麻糬圖案的明信片；地方字樣是指例如早稻田大學旁邊有間郵局叫「西早稻田」，它就會賣印上西早稻田字樣的明信片；慶應大學旁邊的郵局會寫上「慶義應塾前」，很適合買來送給嵐飯朋友，是不是很有紀念意義呢？

▲嵐飯一定要來朝聖的地方！

除了季節性明信片外，日本郵局還有賣一種萬惡的地方限定明信片，這種都道府縣限定的明信片，不到當地還真的買不到！圖案都以當地的特產、有名景點、特有的民俗活動等等為主題，一彈有47張，目前出到第8彈。我當初也是從第3彈開始蒐集，但日本郵局每年都出，每次出新的就要重跑一次那個地方，收集到後來心也倦了、淚也乾了……但如果你不是像我這樣的收集狂，只是想買個1～2張來紀念的話，非常推薦這種很有意義的當地明信片喔！

但光是這樣哪能榨乾大家的荷包呢？日本郵局真的很聰明，除了當地限定明信片之外，還有名城明信片、鐵道明信片，更搭上大河劇的風潮出了真田丸系列的明信片！總之就是不管你喜歡什麼，日本的明信片都有辦法命中就是了（顯示為乖乖掏錢包）。

▲（左）日本郵局會配合季節推出限定明信片、（右）不到當地真的買不到的當地限定明信片。

▲除了當地限定明信片之外，還搭上大河劇風潮出了真田家系列的明信片！

日本郵政的吉祥物。

文具控不可錯過！當地限定紙膠帶

除了當地明信片之外，當地限定紙膠帶對文具控來說也不能錯過。目前有出當地限定紙膠帶的地方有東京、京都、大阪、福岡、金澤、沖繩、名古屋、橫濱、新潟，其中又以東京中央郵便局賣的種類最多，除了上面講的明信片跟紙膠帶都有賣之外，還有各種跟卡通聯名的信紙組、郵票、印章印泥、包包、筆、膠水、朱印帳、各式文房具、各種雜物，反正就是你想的到的這邊都有賣啦！我都叫他東京中央五金行（沒禮貌）。

除此之外，每到快過年的時候（日本新年是1月1日），日本郵局也會開賣賀年卡喔！日本的四季分明不僅表現在風景上，連郵局裡也可以感受到四季的變化。關於日本郵局我就只能拋磚引玉到這裡了，剩下的寶就留給各位去挖，這看似平凡的郵局不小心走進去後，不花個2000～3000日圓是出不來的，以後大家經過郵便局請務必小心呀！

▲資料夾、紙膠帶、簽字筆、膠水、膠帶……你能想到的都有！

超神奇的日本郵局ATM

- 用習慣台灣ATM的大家應該已經對ATM按鈕不靈敏導致手抖常常按錯、吐鈔動作很慢要白眼等很久之類的司空見慣了。所以當初我第一次用到日本的ATM時，看到功能這麼強大的機台……路人還跑來問我為什麼跪著領錢。我覺得它已經不是機台了，其實裡面住著哆啦A夢吧？
- 日本的ATM都很大台，但是反應非常靈敏、按鈕也非常好按，不會有密碼我已經按到第5個數字了，螢幕上還顯示第2個數字這種情況出現。除此之外，日本ATM不僅可以領一塊錢，還可以存一塊錢進去！第一次使用到這個功能時我非常驚訝，因為生長在提款機常常不能領百元鈔的台灣，覺得這個景象真的很不可思議。
- 但是以上都還只是小事，日本連匯款單都可以不用經過窗口，而是透過ATM就可以辦到！它們的機台附帶掃描機，只要把寫好的匯款單放在下面掃瞄，帳號就會出現在ATM螢幕上，再輸入你要轉帳的金額（要現場放現金進去也可以）即可。
- 我這輩子只去過日本，所以不知道別的國家是否一樣強大，但看到日本的ATM後，不難理解這個國家為什麼曾經稱霸亞洲，並一舉躍升世界強國。什麼東西都要發展到最極致，這點大概只有德國人跟日本人做的到了（不過日本的ATM在營業時間外是要扣手續費的，使用者付費的概念）。

來場與瀨戶內海的藝術對話
直島

- **交通方式**：從岡山縣的宇野港坐船前往最方便，約20分鐘即可抵達直島的宮浦港。
- **汽船時刻表**：http://bit.ly/2Oeuagt

藍天是照片最好的裝飾，尤其是瀨戶內的藍天。

瀨戶內海上的大小島，近年來因為草間彌生藝術品的關係，在台灣人中頗負盛名，這也是人口外移嚴重的鄉村，轉型發展觀光很成功的例子之一。每3年1次的瀨戶內海藝術祭，更是這些大小島的重頭戲，下次的藝術祭是2019年，每逢藝術祭舉辦期間，這些大小島們可以說是盛況空前啊！這次要帶大家前往的是位於東經134º、北緯34º27'上的直島，一個以安藤忠雄跟草間彌生南瓜，紅遍台灣的小島，如果你想拍出文青照片上傳IG的話，不要懷疑選這邊就對啦！

漂浮在瀨戶內海上的藝術品

直島是位於分開岡山縣、香川縣的瀨戶內海上的一座小島，多虧Benesse公司過去10多年致力於此推行不同的藝術專案，令小島們的現代藝術在日本獲得了一定的地位。Benesse就是台灣的倍樂生，已經當媽媽的人應該都對它很熟，就是巧虎的公司啦！話說為什麼日本的巧虎叫島二郎不是島一郎呢（突然

害怕坐船的人不用緊張，這裡幾乎不會有大浪，且汽船很大艘，不用怕暈船。

插入沒有用的情報）。

我當初是從香川的高松港出發，其實從岡山的宇野港出發會更近，看你行程想怎麼排。害怕坐船的人也不用緊張，因為它的汽船都滿大艘的，而且瀨戶內海幾乎不會有大浪，所以也不太會有暈船的問題。

島上主要的移動方式是公車，其實腳踏車也可以，只是還滿累的不太推薦。這裡像很多其他小鄉村一樣，有大規模人口減少的問題，因此瀨戶內海藝術祭其中的主要目標，就是解決這個問題，透過現代藝術來帶動旅遊業，讓年輕人可以留下來為島嶼殺出一條生路。目前就我來看，覺得它們非常成功，讓很多原來都不知道直島在哪的台灣人，因為草間彌生南瓜的關係，都專門飛去跟它合照了（好啦我承認我也是其中一員）。

直島上的藝術品散落在各地，最有名的就是兩顆草間彌生的南瓜，其中一顆紅色點點南瓜在剛剛汽船的下船處附近，另外一顆在Benesse博物館附近，也是大家最常取景的黃色黑點南瓜。另外，直島的另一個主打藝術品就是地中美術館，它本身就是個巨大的藝術品，是安藤忠雄拿手的混凝土建築，館內採用自然採光的方式讓陽光灑落，源自於人類與自然共存的發想。

直島主打的黃色黑點草間彌生南瓜，沒來過這裡不能被稱為文青。

▲島上各地散落的藝術品。

▲坐在櫻井翔也坐過的位置，洋溢著暖暖的幸福（被打）。

漫步在新舊交替的老街，像走進時空隧道

其實真正要說的話，我喜歡直島的原因不是那兩顆大南瓜也不是安藤忠雄，而是我很喜歡直島上的氛圍，充滿緩慢的生活節奏。島上這些新設的現代藝術品，跟傳統的街道乍看格格不入又意外的融合，隨即撞擊出藝術的火花。走進傳統街道，兩旁充滿著木造建築，就像走進時空隧道。

仔細看那些傳統建築，中間都會交雜著一些新興藝術品，有種「你看，我還是有跟藝術沾上邊喔」的感覺，讓我覺得這邊的住民真的很可愛。不過島上有個小缺點就是沒有什麼食堂，更不要說有便利商店了，那次我們隨便挑了間有開的古民家食堂吃中餐，印象中我點的咖哩烏龍麵，味道很像調理包……不過看在店內很有昭和的味道，就原諒它吧！

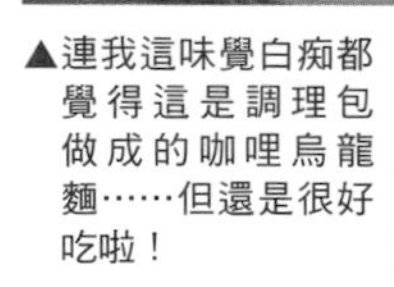

▲連我這味覺白痴都覺得這是調理包做成的咖哩烏龍麵……但還是很好吃啦！

▶走在新舊文化撞擊的街上，慶幸的是這邊的人依舊溫暖。

▲自拍時偶然間被當成背景的日本上班族，表情很錯愕XD。

▶仔細看這邊的民宅都有裝飾藝術呢！

一定要來的直島錢湯「I♥湯」

最後一個直島必去的藝術品，就是大眾浴場「I♥湯」，這個由藝術家大竹伸朗所打造的建築物，是真的可以進去泡湯喔！當初我們走到這個外觀超級前衛的澡堂前，猶豫了很久要不要進去泡，後來心一橫，想說都來了一定要體驗一下。像我們一樣沒帶毛巾的人不用擔心，櫃台可以買盥洗用品，上面還印有「I♥湯」字樣，用完還可以帶回去當紀念品。

裡面的設備其實就跟一般大眾澡堂一樣，沒有特別科技化的地方，連櫃檯也是大嬸在顧店，但磁磚跟牆壁都是用馬賽克拼貼而成，泡澡的天花板是有點透明的玻璃，太陽光會自然灑落下來，跟一般的日光燈澡堂比起來明亮許多。不過日本的澡堂都是要脫光坦承相見的，太亮我覺得反而不是件好事，會看太清楚有點尬尷！泡完湯之後，不要忘了來一瓶咖啡牛奶，洗完澡來杯牛奶真是人生一大樂事，請各位一定要嘗試看看。

▲在一片古民宅中，顯得特別突兀的澡堂。

▲泡完澡來杯咖啡牛奶，在日本是鐵則。

▲澡堂買的毛巾，可以帶回家當紀念品。

▲謝謝你給的藍天，直島我們下次見！

日本人一生必定要參拜一次
金刀比羅宮

● **金刀比羅宮**：香川縣琴平町892-1
● **電話**：0877-23-2466
● **交通方式**：搭乘琴平線，在琴電琴平站下車徒步即達。

被喻為「此生必定要參拜一次」的香川縣金刀比羅宮（日本人此生必參拜的宮廟真的好多），鎮守在象頭山上俯瞰著讚岐平原，自古以來被視為守護航海平安、保佑商業繁盛的神，以台灣的神明來說就是媽祖加關公的感覺吧！從參道口到本殿總共有785個階梯，如果要從本殿爬到奧社的話，還要再爬583個階梯，總計是1368個階梯！所以這地方被我稱為此生必定要參拜，但參拜一次就夠了的地方，而且我去的時候還是炎炎夏日，爬到後來我都快忘記自己是誰了，只見到眼前無限延伸的樓梯。

▲從高松築港，搭乘可愛的琴電前往！

▲平地上突然冒出的讚岐富士，好可愛呀！

讚岐專屬的可愛電車帶你參拜去

香川縣舊名讚岐國，日文念法是撒努起（起還要台語發音），跟別人提起香川縣搞不好他沒聽過，但你講讚岐的話，一半的人應該都會接烏龍麵。我去的時候是由本州的岡山縣宇野港，坐船到高松築港，再從高松築港乘坐琴電琴平線前往金刀比羅宮。跟其他的地方鐵道一樣，這條被暱稱為琴電（ことでん，KOTODEN）的鐵道，也曾歷經經營不善，並且因為列車長跟站員對乘客態度不佳的關係，一度面臨倒閉危機，那時當地居民間要不要留下琴電這件事蔚為話題，這也是後來琴電吉祥物被選為是海豚的原因，因為「琴電は要るか、要らないか」的要るか音同海豚（イルカ）。

琴電琴平線不只電車外觀長得很可愛，路上經過的地名也都很可愛，如果來到高松，一定要來試試看這條地方鐵道。雖然這裡的搭乘人數少，但經過的地方都是旅遊書上不會寫到，真正有深入當地的感覺。那兩隻可愛的海豚，還有很多周邊商品可以買，甚至還有可愛的站務員大叔泡溫泉的明信片系列喔！

▲很新潮的宣傳方式，但這樣有很吸引人去搭車嗎？

▲超級可愛的地名。

▲這邊的地名漢字跟念法都好童話呀！

▲終點站琴電琴平下車，走路就可以到金刀比羅宮了。

1368階的試煉！前往金刀比羅宮

從琴電琴平站出來後，步行約15分鐘即可到達金刀比羅宮的參拜口，被暱稱為「こんぴらさん（KONPIRASAN）」的金刀比羅宮，最廣為人知的就是那長到天際的參拜階梯。江戶時代的庶民是被禁止旅行的，除非你要去參拜伊勢神宮或是金刀比羅宮，因此當時的人們都有著「一生一定要參拜一次金刀比羅宮」的憧憬。

▲兩旁的商家都有賣扇子跟拐杖，可見接下來的樓梯有多恐怖！

▲終於來到第一個「大門」，從這裡回頭望的景色。

一開始的參道還只是石疊路，兩旁都有店家賣一些紀念品或是飲料，而這些店家的共通點，就是都有販賣手杖或是出借手杖。為什麼呢？因為短短的石疊路走完之後，眼前出現的就是綿延無際的階梯……那時去的時候正逢6月炎炎夏日，只記得爬了很久（但實際上應該還好），終於看到第一個被稱為「大門」的門，這時不要急著埋頭往上爬，回頭看看你眼前的視界，不知不覺爬到這麼高的地方，已經可以遠眺整個讚岐平原。

走進大門後真的是別有洞天，又看到綿延不絕的階梯。這時正好看到有其他日本人下來，我們攔住詢問走到本宮還要多久？他們回說還滿遠的，不過我相信妳們一定可以的！來參拜之前就有聽說爬金刀比羅宮階梯時一定要面帶笑容，還真的路上遇到的人都是笑容滿面，當然被我們攔下來的這兩位也是笑得超開心，我不知道是發自內心的笑，還是說已經爬到忘了自己是誰所以傻笑……

離開那兩位笑得合不攏嘴的日本人後，我們繼續往上爬，爬著爬著，眼前終於出現像是正宮的拜殿，我們欣喜若狂想說終於爬到了吧！結果一看旁邊寫著旭社……才600多階而已。我們坐在旁邊的椅子上，像失智老人一樣眼神空洞，不斷的重覆著「算了放棄了吧」、「回頭下山吧」之類的話，但是我們千萬不能忘了灌籃高手中老爹的教誨，現在放棄比賽就結束了（因為當時年紀小，如果是叫我現在再去爬金刀比羅宮，我會跟你說好喔快點讓比賽結束吧）。

▲鳥居上寫著很大的字，要帶著微笑來參拜（但內心可以是髒話）。

▲讓我們空歡喜一場的旭社，到這邊才600多階。

▲御本宮前最後的長階梯，就是那個光！

過了旭社後就只剩下一半的路程了，一路上我跟朋友都沒有講話，因為一點熱量都不想浪費掉。終於到了御本宮前最後一段石階，這段特別陡又特別長，根本是要逼死人，但爬上去就可以暫時休息了，我已經看到遠處在發光！費盡千辛萬苦爬到御本宮後，看到一望無際的讚岐平原，這樣的美景也算是爬得要死的獎勵了。不過我跟朋友爬到這邊就不行了，奧社的話還要從御本宮旁邊的小階梯繼續往上爬，沒關係你可以叫我嫩B什麼的都可以，我就是累到快掛了爬不上去了（任性什麼）！

▲一望無際的讚岐平原跟讚岐富士。

以前江戶地區的人民要來這邊參拜路途遙遠不方便，所以常常會把木牌綁在狗狗的脖子上，寫著「要參拜金刀比羅宮」，一路上用接力的方式，由不同的旅人牽著一路牽到金刀比羅宮。這些狗狗後來就被紀念起來，也就是金刀比羅犬（所謂累的像狗一樣就是這個意思吧）。參拜完之後，別忘了帶個幸福的黃色御守回家，上面還附有一隻狗狗，就讓承載幸福的金刀比羅犬陪你回家吧！

下山的時候站在高處看著遠方的讚岐富士，好像懂了為什麼日本人說這邊一生一定要來一次的理由了……只是如果問我要不要再來爬一次？不了，我此生爬一次就夠。

▲爬到這裡，身上的汗多到像是剛洗完一場冷水澡（BGM 請下），但是內心有某處豁然開朗的感覺。

▲爬到這邊就受不了，再往上爬我要戴氧氣罩了（浮誇）。

▲這邊必買的幸福黃色御守，還附贈狗狗吊飾，很划算呢！

▲下山後隨便找了間冰店吃冰，雖然是日本隨處可見的草莓色素冰，但卻是我吃過最好吃的冰！

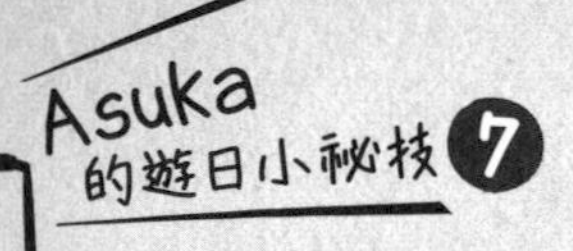

旅行的另一種意義！買到手軟的日本御守

如果說日本是全世界最會賣東西的國家，大家應該覺得不為過吧？舉凡各大藥妝店商品的排列方式、斗大的標語、精美的包裝，無非是在刺激著大家的購物慾（好啦我承認只有我最愛買）。我覺得日本除了各大商店以外，竟然連郵局也很會賣（P165），還有他們的神社寺廟更厲害！

一般來講我們台灣的廟宇不就是拜個拜、求個平安符就結束了，但是日本的每一間神社寺廟都有他們自己專屬的御守、周邊跟御朱印。御守還有分很多種功能，最常見到的就是保佑健康、學業、交通安全、結緣等等的，但有些比較特殊的神社，也會有其專

▲這是被我列為最難入手的恐山御守，想到那次差點被凍死在山上的經驗真的很難忘XD

▲被我列為第二難入手的福島大山祇神社御守。

▲很辛苦的爬了一小時才到的戸隱奧社，雖然御守長的沒有很特別但為了紀念還是買了。

▲左邊是第一次拜訪出雲大社時買的，右邊是第二次再訪時，發現長不一樣了。

▲我覺得最有特色、最好看的御守，是東京都內的乃木神社御守。

▲福岡竈門神社的每個御守都超有設計感～少女們看到一定會喜歡。

▲吉備津神社的御守是純黑色的，很有質感呢！

▲以結緣聞名的八重垣神社，御守也很好看。

▶我目前手邊所收集的御守，其實還有一些是因為願望已經實現所以還回去神社裡的。

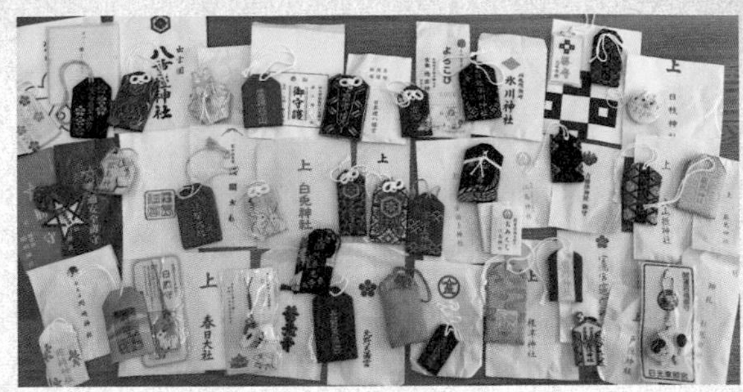

◀伊勢神宮的御守最厲害！什麼字都沒寫只有一個社徽，但好好看呀！

屬功能的御守，像是京都晴明神社的除厄御守、東京水天宮的安產御守、出雲大社的緣結御守、金刀比羅宮的金色幸福御守等等，都是屬於比較具有特殊效力的御守。

日本人真的很厲害，他們知道參拜者遠道而來怎麼可能只拜拜光著手離開，一定會帶個御守回家保平安，所以在御守的設計上也很用心。有些會把自己神社的代表物放在御守上（大部分是該主祭神的神使），而若是以結緣聞名的神社，御守大部分就是粉紅色、紅色，絕對讓少女心噴發的設計，像是福岡的竈門神社御守就都超級可愛，竟然有馬卡龍色！

最慘的是神社只收現金，每次從神社寺廟出來，都讓我整個大失血啊！不過因為我本身沒什麼特別的信仰，再加上我也不是日本人，所以買御守純粹只是為了收集，不會特別去跟神明祈求什麼願望，不然我手上那麼多御守，神明應該在隔空打架了啦！

御守的基本小常識

- 日本人不稱御守是用「買」的，而是「授予」，也就是參拜完代表我們跟神明結了緣，神明賜給我們的東西，所以販賣御守的地方才會叫作「授予所」，授予所大部分是不能拍照的，尤其是不能對準御守們拍照，所以要拍之前一定要先問過在場的神職人員。本書中所出現過的授予所，都是當下詢問過可不可以拍照才拍的，請各位一定要注意。
- 若你參拜時有跟神明許下了願望，那等到你的願望實現時，就需要把御守還給原本那間神社或是佛寺，日本的神社佛寺都會有個地方叫做「古札納所」，專門收集大家的舊御守。
- 如果你當初許願的神社寺廟實在是離家裡太遠，沒辦法再去的話呢？那可以就近還給附近的神社佛寺即可，不過記得返還的對象要同系列（神社或寺廟），或是供奉一樣神佛的地方。
- 神社跟寺廟的分法，最簡單的就是看你的御守上面寫什麼，〇〇神社、〇〇神宮、〇〇大社等等的就是日本專屬的神道教；〇〇寺的話就是佛教，應該很好分辨。如果是祈求家內安全、商業繁盛這種沒辦法立即看到效果的願望，那大約就是一年更新一次，把舊的御守拿去還給原本的神社及寺廟然後再買一個新的回家。

誰說我們只有烏龍麵！
丸龜市

▲香川的丸龜上陸囉！

● **居酒屋三太郎**：香川縣丸龜市西平山町107-2
● **電話**：0877-23-2466
● **交通方式**：JR丸龜車站步行約4分即達。

多年前第一次來到丸龜這個地方時，第一個想到的就是烏龍麵，除了香川縣本身就被稱為烏龍縣之外，講到丸龜不是就會想到「丸龜製麵」嗎？於是參拜完金刀比羅宮，累到可以吃下一頭牛的我們，前往丸龜這個地方就想要尋找烏龍麵。

我們出了車站後，立刻就詢問觀光案內所的大叔，這邊哪裡有好吃的烏龍麵？沒想到大叔反應出乎意料，問我們幹嘛一定要吃烏龍麵？我們滿頭黑人問號，不吃烏龍麵來這邊要吃什麼？大叔竟然說烏龍麵早就落伍了！現在香川新興的道地名產是「帶骨雞」！

▲傳說中的新興名物－帶骨雞？

▲車站的周邊都寫這邊是烏龍縣啊？難道一切都只是縣政府的陰謀？

丸龜最紅的竟然不是丸龜製麵？

大叔問我們從哪邊來的，為什麼一定要吃烏龍麵？我們說從台灣來的，專門來吃烏龍麵（講得很嚴重他才會認真想），大叔一聽既然是從台灣來的，就更一定要去吃吃看帶骨雞，真的非常美味！當下他拿起旁邊的電話不知道打給誰，電話接起來後大叔對著另一頭說，有兩位台灣來的女生，等等要去你們那邊吃帶骨雞，要好好招待人家啊！接著掛掉電話並跟我們講了地址，還送我們走出車站很怕我們會迷路。

沒想到大叔推薦的那家「三太郎」，離車站非常近，所以跟朋友不費吹灰之力就找到了。我們站在店門口猶豫很久，因為這家店其實是居酒屋，而現在還只是下午4點多，它有開嗎？掀開簾子後問了一聲有在營業嗎？裡面的老闆很開心叫我們快進去，一看旁邊的桌上已經擺好兩雙碗筷了，想必是車站大叔電話一掛掉，老闆就開始準備了，當下真的一陣感動。

◀就是這間「三太郎」居酒屋，有美味的帶骨雞！

▲超好吃的烤雞串！好想再去一次啊！

▲名物帶骨雞，但是我點的老母雞肉質滿硬的，建議還是點小雞比較好！

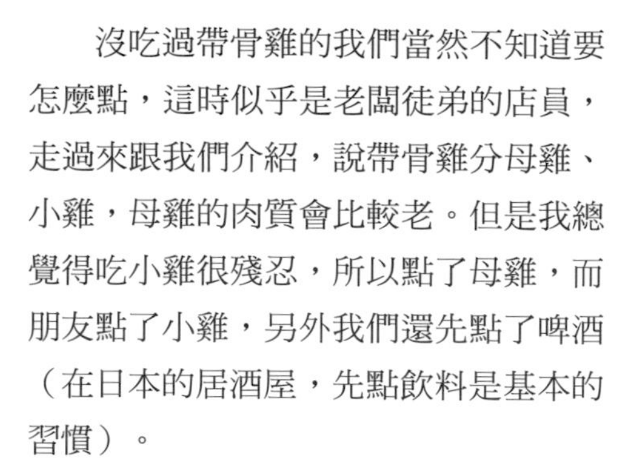

沒吃過帶骨雞的我們當然不知道要怎麼點，這時似乎是老闆徒弟的店員，走過來跟我們介紹，說帶骨雞分母雞、小雞，母雞的肉質會比較老。但是我總覺得吃小雞很殘忍，所以點了母雞，而朋友點了小雞，另外我們還先點了啤酒（在日本的居酒屋，先點飲料是基本的習慣）。

這裡的東西都是現做的，所以可以聽到烤盤上滋滋作響的烤肉聲，也刺激著我們的食慾。先上來的是烤雞串，帶起台灣人去日本吃鳥貴族風潮的我（？）其實對烤雞串跟烤雞皮要求很高，但這間烤雞串真的超級好吃！可能是剛烤好的關係，油花還在肉上面彈跳著，咬下去的瞬間肉汁滿溢的感覺，這輩子真的難忘，我到現在還是常常拿那張照片配啤酒呢（浮誇）！

老闆一直很熱情跟我們聊天，雖然他是當地口音我們常常聽不懂，但一直很有耐心的換成標準語解釋，而且拼命找話題跟我們聊天。從台灣的政治、經濟到天氣什麼都聊，而且當時老闆還問我們台灣是不是也要蓋新幹線了？我們笑說早就已經蓋好不知道幾年了，最後終於進入話題的核心－丸龜製麵真的在丸龜很有名嗎？因為全日本都有分店，甚至還進軍台灣了！

在丸龜長大的老闆淡淡說，他沒聽過也沒吃過，讓我們超級驚訝！他說其實這裡很少在吃烏龍麵，難道烏龍縣這稱呼只是個噱頭？就像其實我們公司的日本人，也都不知道一蘭拉麵這樣。後來還有其他客人陸續來店裡，老闆熱情的把我們介紹給其他客人，他們很快的也跟我們聊開，最後還幫我們跟老闆、老闆徒弟合照一張。走出店門口時，老闆跟我們說「下次來丸龜還要再來喔」讓我們心頭暖暖的。

▲不知為何被要求用忍者姿勢拍照，完全是個謎。

▲席間老闆幫我取景的照片。

吃飽喝足後，我們徒步到附近的橋邊看太助燈籠，這也是一開始車站大叔推薦的地點。這個太助燈籠曾經是繁盛丸龜港的象徵，有點像是燈塔指引船隻入港的角色，我們站在港邊看著夕陽西下，回顧著今天的美好邂逅。就在我們轉身要離開準備回車站時，路邊一台經過的小客車搖下車窗對我們揮手，我認真的回想在丸龜有朋友嗎（醒醒吧你沒有朋友）的時候，發現他原來是車站大叔！車站大叔問我們帶骨雞好吃嗎？我們回答非常好吃，並跟他鞠躬道謝目送他開走，原來車站大叔從分開後，還是把我們的事情放在心上呢！

因為第一次去丸龜的經驗實在太美好了，所以直到現在還是對香川這個地方充滿了愛。儘管我知道跟我揮手再見的帶骨雞老闆、車站大叔，都只屬於那年夏天，是那年的我與丸龜的一期一會，但這份回憶，也與美麗的瀨戶內海夕陽一起，永遠封存在我心裡。

▲擔任丸龜港進港船隻燈塔要職的太助燈籠。

▲瀨戶內海的美麗夕陽，沉靜而溫柔，跟這邊的人們一樣。

阿蘇駅
ロータリー内
駐停車禁止

Chapter 4

九州地區

離台灣近又以觀光列車聞名

來櫻島泡天然足湯感受火山生命力、前往竈門神社祈願戀情、探訪日本蜜月旅行的發源地，再搭乘浦島太郎的玉手箱，前往JR最南端的西大山站！

在太宰府祈願夢想，在這裡祈願戀情
竈門神社

\ いこう! /

●**地址**：福岡縣太宰府內山883
●**交通方式**：從太宰府站搭乘巴士「まほろば號（MAHOROBA）」，約10分鐘即達。
●**官網**：http://bit.ly/2Oirezt（官網做的超級精美而且很少女風）。

福岡的「太宰府天滿宮」我想大家應該去到不想再去了，幾乎有去過九州的人一定都去過天滿宮吧（鐵口直斷）但是位於天滿宮在上面一點的竈門神社，大家可能很少聽過，它距離太宰府不遠，從太宰府車站坐公車約10分鐘即可抵達，而且一趟才100日圓，真的非常便宜。

竈門神社以結緣為主打訴求，所以當天車上滿滿的都是少女們，感覺車上都散發出香氣了（浮誇）。

▲前往竈門神社的公車，太宰府車站旁邊即可搭乘。

▲まほろば號載著各位的少女心前往求姻緣。

鎮守太宰府鬼門的寶滿山

竈門神社位於太宰府鬼門方位的寶滿山上（鬼門方位指自己的東北方，會帶來災厄的方位），以前九州統一的時候，政廳設在太宰府，於是便在位於重要方位的寶滿山上蓋了鎮守國家的神社，以祈求國家安康。中世紀以後，信仰高山的修行者漸漸變多，而秀麗險峻的寶滿山則成了修行者的修行之地以及信仰中心。除此之外，寶滿山是繼鳥海山、富士山之後，第3個被指定為國家史跡的靈山，由此可見寶滿山在日本歷史上占有一席重要之地。

◀入口的鳥居。

山上的姻緣寶滿宮，與山下的學業太宰府成對比。

竈門神社的主祭神是玉依姬命，她是日本神話中第一位天皇－神武天皇的母親，同時也是守護女性美麗的女神之一，自古以來被視為是結緣女神。也許是因為主祭神是位美麗的女神，竈門神社從網頁到神社境內都充斥著粉紅色，連本來不存在著少女心的我，也快要少女心噴發了！

寶滿山這邊自古以來有個習俗，滿16歲時必須來這裡跟玉依姬命報告自己已經成年了，接著在山頂上附近的樹木，綁上象徵結良緣的繩子。每年離4月16日最近的那個禮拜天，竈門神社都會舉辦結緣大祭，期望良緣降臨在自己身上的男女們，那天都會來到這邊向神明祈求。

充滿設計感的社務所&少女心御守

竈門神社最值得推薦給大家的地方，就在於那超有設計感的社務所、超可愛的御守們。一般神社的社務所大部分都是木造建築，而且幾乎有點年代感了，但竈門神社的社務所是整面玻璃落地窗，從外面可以很清楚看到裡面的御守販賣處，看起來明亮又整潔。

▲這邊的御守都超有創意，晴天娃娃好可愛啊！

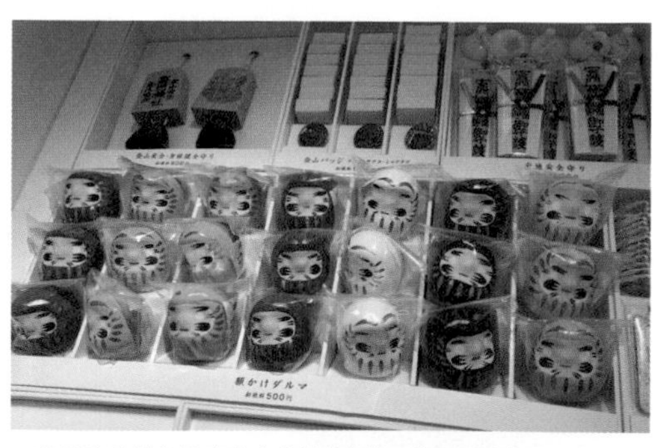

▲光是達摩就有這麼多少女般的顏色！我買了時尚的黑色回家。

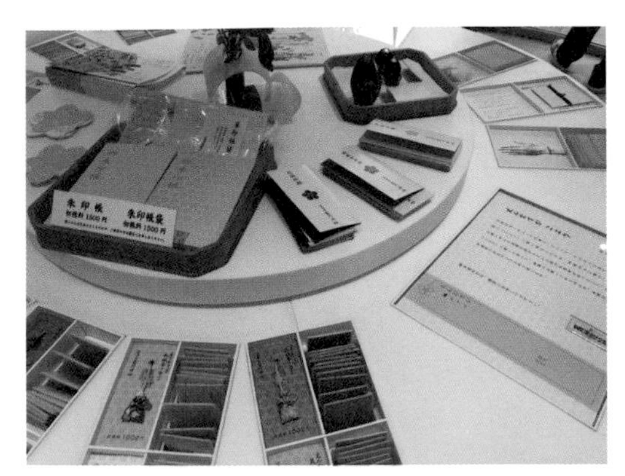

▲這邊的朱印帳顏色也是超級少女，意圖使人拿去結帳啊！

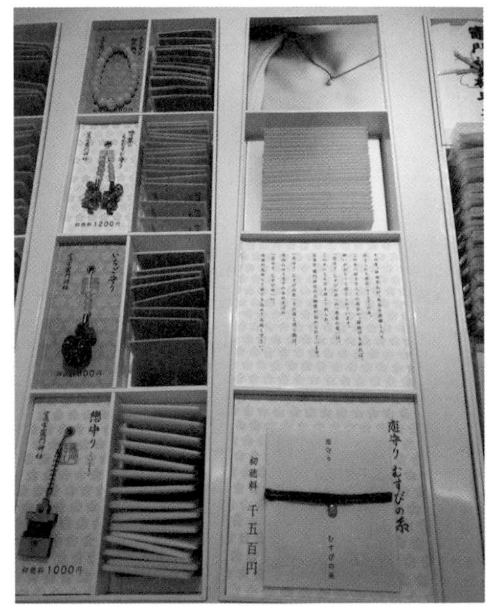

▲這裡最有名的就屬那條紅色的戀守り了，可以當項鍊也可以當手鍊。

這個社務所於2012年12月才整修完畢，負責操刀設計的是世界級室內設計師－片山正通，以及負責日本各地神社建築的種村強，目標是打造出一間「100年後也能繼續被大家所愛的神社」。社務所從外面看起來，是那種就算出現在原宿街頭也不突兀的時尚咖啡廳，而且裡面賣的御守也很有設計感，顏色都是偏淡色系非常少女，女孩兒們千萬不能錯過！

其中最值得推薦大家的就是綁在手腕上守護愛情的「紅線」，跟太宰府守護夢想的「藍線」是一對。因為大嬸我本身不需要再結緣了，所以雖然紅線超可愛但買了也沒用只好放棄，不過我有買太宰府的「藍線」，上面有個梅花超級可愛（這篇到底是在講太宰府還是竈門神社啦）。

▲樓下太宰府賣的是這種藍色「夢守り」，與「戀守り」相呼應。

在日本與東京必做的5件事？

在日本走跳這麼多年，從一開始的自助旅行初心者，到後來跑去日本留學，才發現在日本生活跟來日本旅遊完全是兩碼子的事情。看遍了日本的好與壞後，我還是義無反顧的愛日本，所以我對日本絕對是真愛，這樣一位把日本視為真愛的平凡人，想跟大家分享一下如果只能在日本或東京做5件事的話，我會選擇哪5件事呢？

NOTE

底下是我個人意見，每個人心中都有個屬於自己的日本模樣，僅提供我的看法給大家參考囉！

東京必做的5件事

平常我是除了面對帥哥以外都很冷靜的人，結果進去後卻自然地戴上米妮頭飾。

1.挑戰東京迪士尼

沒想到第一名這麼老梗吧？老實說，我除了小時候會看迪士尼的動畫之外，真的沒有很迷迪士尼，小女孩喜歡的XX公主我更是一點興趣都沒有（我最喜歡的迪士尼動畫是獅子王）。所以我第一次進去迪士尼時，也是因為人家說這是東京必去，我就覺得：ok, fine.我去行了吧！結果一踏進迪士尼大門後就像是被施了魔法一樣，什麼都好可愛、什麼都好想買，連我最討厭的那隻老鼠，我竟然也覺得其實長的還算不錯（？）還有最討厭排隊的我平常只要站超過10分鐘就會打退堂鼓，結果在迪士尼排遊樂設施竟然排的甘之如飴。這裡的標語是「歡迎來到魔法的王國」，這根本是真的，遊樂園裡面一定有什麼幻術（被迪士尼迷打死）。

迪士尼最讓人著迷的地方就在於，進入大門後像到了別的世界，戴上米妮的耳朵、胸前掛著小熊維尼的票券夾，手上再抱個Duffy的爆米花桶，這一切在裡面看起來都非常理所當然。到了出園時間坐上往東京的京葉線後，智商會隨著越接近東京一點一點的加回來，一回神就發現自己怎麼在一群剛下班的上班族中，戴著超蠢的米妮耳朵，手上提著一大袋戰利品？身上還背著一個不知道要放哪裡的礙事爆米花桶……這樣的反差感真是每次都讓人欲罷不能。

◀雖然奶茶爆米花霹靂難吃，但為了Duffy熊的爆米花筒還是要閉著眼睛買（戳自己眼）。

2.去東京巨蛋看場表演

不管你是棒球迷還是偶像迷，只要你是一個放（fan的日文發音），就一定憧憬過進去東京巨蛋。因為東京巨蛋向來被視為演藝圈的人氣指標，只要這位藝人有資格在東蛋開唱或表演，就表示具有一定的人氣，同時也受到社會大眾認同。還沒去過東蛋時，我真的很難想像它到底有多大，因為我很怕人多的地方，所以參加的演唱會屈指可數（我絕對不會承認是我抽不到票）。

某次託朋友的福，第一次踏進去看kinki kids的演唱會，雖然我不是在蛋頂，但離主舞台已經可以用天邊遠來形容了，難怪大家都要帶望遠鏡進去啊！演唱會一開始時大家都拿起望遠鏡，那一瞬間我還以為是跟野鳥協會出門，所以如果有機會強烈推薦大家進去一次東蛋看看，感受一下身為野鳥協會一員的感受（什麼啦）！

▶身為前迷妹，常常到東蛋報到是很合理的。

◀不管看幾次都覺得東京巨蛋好巨大。

自由之丘也是有名的甜點聚集地。

3.在東京吃甜點

這點大家去東京應該都已經嘗試過了，東京真的是瞬息萬變、每秒都在變化，可能你2個月前才去過這個地方，但2個月後你經過這個轉角，卻發現新開了間咖啡廳，就像外國餐廳來台灣設點的話，第一選擇一定是台北市。日本最新潮流、最新店家都聚集在東京，我相信很多人喜歡東京就是喜歡每次去都可以發現新事物的這一點。全球大部分的知名甜點幾乎你都可以在東京找到，而且其實不用吃外國來的，光日本自己本土的甜點店就吃不完了，所以嗜甜的朋友們來東京，請務必一定要試試東京的甜點店！

◀沒有人比得過我心中的鬆餅王者——bills。

4.搭乘都電荒川線

▶途中經過的荒川遊樂園，憑當天的都電一日券就可以免費入場。

會發現這條路面電車，是因為在日本念書時偶爾會利用它通勤的關係，可能因為我本身喜歡懷舊的東西跟電車，所以這條沿線充滿鄉愁的都電荒川線很合我的胃口。通常搭都電都不是趕時間的人，因為它開很慢，在巷弄間悠悠哉哉的前進，如果是趕著上班的人一定急的破窗而出了吧（？）這條東京都內僅存的公營路面電車，從三之輪站開始一路開往早稻田，所以有時不趕時間我會搭這條線上學，可以少走點路。

途中我特別推薦幾個站：荒川遊園地前、荒川車庫、飛鳥山（隱藏的賞櫻名所）、鬼子母神跟早稻田。雖然東京有瞬息萬變的一面，但卻也有一成不變的事物，這條荒川線一路上經過的都是東京下町路線，如果想要了解東京的另一面，非常推薦大家買個一日券途中下車，當個一日下町人，融入當地人的生活看看。

5.到居酒屋感受日本人音量有多大吧！

▶日本生啤真的超級好喝，下班後來一杯吧（不過裡面菸味瀰漫就是了）。

大家對日本人的印象大部分都是溫文儒雅，講話很客氣且小聲，但這其實只是他們白天的樣子，下班後的日本人，尤其是喝酒後的日本人只能用豹變來形容，第一次看到時我還以為他們有雙重人格或是封印被解除之類的呢（中二病嗎）。有興趣想看看日本人音量有多大聲，可以在晚上7～10點間，挑一間居酒屋進去試試，但千萬別進去那種門口有在拉客的居酒屋，那種有時候會給你偷偷加錢或是價目不清。

日文不好的人進去也不用怕，日本居酒屋的規矩就是先點飲料，料理是後續再慢慢點，所以一坐下來服務員一定會先來問你要喝什麼，這時生啤點下去就對啦！菜單看不懂也可以用指的，日本人應該也見怪不怪了。白天電車上那群臉超嚴肅的上班族大叔們，到這邊就自動切換成大聲公模式，尤其是禮拜五晚上的居酒屋，講話可能要用吼的對方才能聽到。想知道下班後的日本人有多誇張，請一定要來居酒屋見識！

日本必做的5件事

京都內有名的錢湯，裡面全都是當地人。

1.泡完溫泉來一瓶牛奶

來日本必做的第一件事，我選擇泡溫泉！如同大家對日本的印象一樣，日本列島真的是溫泉天國。但不常在日本泡溫泉的人，可能不知道在日本入浴是要全裸的，不像台灣要穿泳裝（說實在的我覺得穿泳裝才怪吧），但一開始我內心也會抵抗，覺得要在更衣室把衣服全脫掉，在眾目睽睽之下光著身體走進去池裡實在太羞恥了啊！

不過這種東西就是頭過身就過，試過一次之後下次根本就是蠟筆小新脫衣服，拜託我有的大家都有誰要看啊？日本的溫泉不像台灣只有一種普通池子，通常會分好幾種池，燙的、溫的、冷的、瀑布、按摩、露天，有些還會附桑拿室，在日本泡大眾澡堂根本超忙，要跑來跑去。但不管你泡哪一種池，出來後一定要記得做的就是 1. 買牛奶、2. 手插腰、3. 仰首喝牛奶，從小看日本動畫長大的我，第一次嘗試時真是感動到不能言喻，這種暢快感，只有試過的人才能懂！

2.一定要坐一次新幹線

這點應該每個人都嘗試過了，日本的高科技充分的在這邊表現出來，雖然說歐洲國家的電車也是很高科技，但日本的電車感覺就是多了點人情味。他們不僅僅是把電車當交通工具的一種，而是連繫起人與人間、心與心間的橋樑。大家所熟悉的東北新幹線「はやぶさ（HAYABASA）」在宇都宮到盛岡之間，最快速度可以達到300km／hr，我當初第一次坐新幹線坐到耳朵會痛，因為速度太快了，3小時內就可以從東京一瞬間到達青森。如果是遠距離戀愛的人，搭乘這台車距離根本不是問題，700公里的距離因為はやぶさ的關係縮短成了3小時，還好我們生在有新幹線的年代。但如果你是有慣性遲到習慣的人（這到底是什麼習慣）就千萬不要嘗試新幹線，因為它的時刻表和台鐵這種參考用的完全不一樣，日本的新幹線非常準時，如果你搭乘的站不是起始站就會更緊張，表定12：46分出發的車，它會很準時的在12：45分到站，只給你1分鐘的時間上車，到底是想逼死誰，像我就有好幾次，為了趕新幹線的車拖著行李在站內奔跑的經驗呢（挺）。

▲日本的新幹線有時會和異業合作，圖中是與新世紀福音戰士合作的新幹線。

▲從東京出發時連在一起的E5跟E6，到了盛岡會分開，紅色的往秋田、綠色的繼續北上。

3.在新幹線上吃駅弁

因為便當太千奇百怪了，所以詳細介紹在P.133，我的堅持就是駅弁（鐵路便當）一定要在新幹線上吃，脫離了車廂駅弁就不是駅弁了！

▲茨城特產的常陸牛便當。

▲打開全部都是香菇（崩潰）。

4.嘗試搭一次青春18

這個我在P.81有提過，旅行我喜歡追求的是一種不確定感，就像許多女生愛壞男孩一樣，有種無法掌握的感覺（好爛的比喻）。總之你想體驗什麼叫做時間就是金錢的人，請務必搭乘青春18吧！

▶每張票總共有5格可以使用，可以很多人一起用也可以自己全部用完，從戳章可以看出旅途停靠過的站。

5.試試看日本奇怪口味的霜淇淋

日本簡直就是霜淇淋王者，不但好吃還很多千奇百怪的口味，除了基本盤的香草、巧克力等等，各地觀光地區都會推出各自的限定霜淇淋，像我就看過竹葉口味、豆腐口味還有牡蠣口味（噁）之類的。至今一直令我念念不忘的是某次坐夜巴去廣島時，途中經過岡山高速公路休息站裡面的麝香白葡萄霜淇淋，過了6年直到現在它依然存在我記憶中。下次去日本看到奇怪口味的霜淇淋，別懷疑先買再說啊（但如果吃到地雷請不要怪我）。

▼靜岡的草莓霜淇淋。

▲北海道的哈密瓜霜淇淋。

▲位於鶴岡八幡宮大道上，是我覺得必吃的牛奶霜淇淋。

▲鎌倉的黃色奇異果口味霜淇淋，連籽都忠實的呈現了。

▲讓我念念不忘好幾年的岡山麝香白葡萄霜淇淋。

搭乘阿蘇男孩號前往草千里
あそぼーい號
（ASO BOY）

這座山綠到很像假的，超級美！

\いこう！/

- **阿蘇男孩運行日：** http://bit.ly/2OmHGi7
  原本阿蘇男孩號的運行區間是熊本<->宮地，但因為熊本大地震之後，肥後大津到阿蘇這段被震壞無法通車，所以目前運行區間改為阿蘇<->別府之間。
- **車票：** 拿全國版或九州版PASS，均可直接劃指定席。
- **阿蘇站→草千里巴士時刻表：** http://bit.ly/2vwxNY8
- **注意事項：** 阿蘇火山口常常因為瓦斯超量而管制上山，建議出發前先查詢當天的火山口狀況。
  http://bit.ly/2M2YMVC

▲盛夏的草千里是一片綠油油，像頂綠帽子一樣（男生可能不想要）。

草千里我總共去了2次，一次是在盛夏，一次是在真冬。盛夏有盛夏的美，綠油油的草坪一副生氣蓬勃的樣子；真冬有真冬的好，山頂一片白靄靄的雪遠看很像雪糕。但不得不說阿蘇男孩號這台觀光列車真的是多災多難，第一次我拜訪熊本時是2012年，那時颱風剛過境，這台列車因為道路被沖斷的關係所以停止行駛。

2016年熊本地震之後，這條豐肥線又因為坍方所以阿蘇男孩號又再度停駛，一直到2017年7月這台車才再度運轉。只不過這次行駛的方向改變了，原本行駛於熊本到宮地間的阿蘇男孩號，現在變成阿蘇往來別府之間，所以原本想搭乘這台阿蘇男孩號的朋友們，可能要換成從別府或是大分出發比較方便了！

冬天的景色一片荒蕪，有淒涼的感覺。

大人小孩通吃的阿蘇男孩號

這台阿蘇男孩號有個吉祥物小狗叫做「くろちゃん（KUROCHAN，小黑）」，也就是台灣路邊隨處可見的小黑，四輛編成的觀光列車上，到處都可以看到這隻吉祥物。第一次看到這台觀光列車時真的很驚艷，因為它每個車廂都有不同的裝備，1 號跟 4 號車廂分別都有超大三面環繞窗戶，在列車行進中可以很清楚看到列車前方的景色，有點像是在玩電車遊戲一樣！ 3 號車有親子席，椅子真的是一大一小，這時就要看小孩是要推給跟爸爸還是媽媽去坐了（喂）。

除此之外，車上還有遊戲室（球池）、圖書室跟咖啡廳，根本可以直接在列車上面生活了吧！因為這台車滿多功能的，所以常常人滿為患，有意願想

▲到處都可以看到這隻吉祥物－小黑。

▲車廂裡面居然還有球池，實在太浮誇了！

要乘坐這台車的人，可能要提前幾天去劃位比較保險（我那時候是一下飛機就先在機場的綠色窗口劃位），而且因為親子旅客滿多的，若無法忍受小孩子吵鬧的人，可別輕易搭乘這台車呀！另外，這台車上也有販賣特殊的鐵路便當，外包裝仍是可愛的小黑，吃起來也滿美味的，別錯過囉！

▲椅子一大一小的親子席，這時爸媽就要猜拳看誰輸了跟小孩坐囉！

▲頭尾兩節車廂都有這種指定席，可以三面環繞像是在開電車一樣。

▲可能是想要仿效貴志線的貓咪站長？但這邊的站長室裡還沒找到適合的狗狗XD

可以欣賞中岳噴煙的千里草原

千里迢迢到了阿蘇站之後，第一件事就是要趕快搭巴士上去草千里，但是來回阿蘇車站跟草千里的巴士1天只有6班，請一定要記住喔！第一次我到阿蘇時傻傻的什麼都不知道，還跟朋友在阿蘇站鬼混了很久，結果最後下午3

點要坐巴士上去時，才發現根本趕不及回程的巴士（最後一班回阿蘇站是4：40），這個親身經歷的血淚史盼望大家一定要記得。

前面有提到夏天的草千里是一片新綠，而冬天的草千里則是白雪靄靄，結冰的湖面上可以行走但有可能會導致結冰破裂，真的是如履薄冰。兩種景象都看過的我，認為夏天的景色比較美，因為冬天太蒼涼又很冷，我那時是零下1度前往，草原上根本就沒有出現牛馬（只有陰風陣陣），冬天來的話請記得一定要戴帽子跟手套，不然下山後可能就要截肢了。

▲冬天草千里上面人還滿少的，記得一定要戴帽子跟手套上來，因為非常冷！

很復古的阿蘇車站，但內裝可是很新的喔！

冒煙中的中岳火山口。

這片可以遙望中岳火山的草千里下方，根據研究表示有熔岩囤積在裡面，也是個地球正在活著的證明。另外也特別提醒，如果你要登上中岳火山口的話，那剛剛的公車就不要在草千里下車，而是要在最後一站阿蘇山西站下車，從那邊再轉乘纜車上去。不過火山口很常因為瓦斯氣體濃度過高而管制進入，要登上火山口的人，可能要挑戰看看自己的人品好不好了（我人品不太好所以正好遇到管制上不去）。

▲上山途中經過的冬天版可愛米塚，長得跟米真的很像。

▲阿蘇牛乳做的霜淇淋，非常濃郁～

別忘了臨走前買個物產 —— 阿蘇休息站

日本的休息站實在是太好買，有很多當地限定的牛奶、布丁、農產品等等，都是一般超市不會出現的，因此看到休息站一定不要忘記進去逛逛。在阿蘇車站旁邊就有個休息站叫做阿蘇休息站，這邊除了賣很多熊本熊相關的周邊以外，還有大阿蘇牛乳、阿蘇牛奶冰、阿蘇米等等一堆跟阿蘇有關的東西。別忘了離開阿蘇前來這邊買個熊本名產「嚇一跳糰子」，順便給熊本人打打氣（九州裡面它特別多災多難）。

▲火車上有賣超可愛的小黑便當。

▲這邊的物產幾乎都會跟熊本熊扯上關係。

▲使用當地牛乳製作的布丁。

阿蘇休息站就在阿蘇車站旁邊，徒步即達。

連路邊水溝蓋都在冒煙的溫泉勝地
別府（九州橫斷特急）

- **交通方式**：福岡出發，搭乘特急sonic約2小時抵達；熊本出發，搭乘九州橫斷特急也是約2小時抵達，但要注意列車的運休日（熊本地震後，現在熊本到阿蘇間那段是停駛的）。
- **九州橫斷特急時刻表**：http://bit.ly/2ORvcjD
- **海地獄**：大分縣別府市大字鉄輪559-1

▲要帶我們橫斷九州的車子來了！

上一篇回到阿蘇車站後，我們直接從阿蘇前往大分縣的別府，對九州地理位置稍微了解的朋友，應該知道從熊本過去大分等於是橫斷九州，於是我們接下來要搭的這台車就叫做「九州橫斷特急」。

不過跟其他的觀光列車不一樣，這台九州橫斷特急的外觀跟內裝其實都滿普通的，就是一般的電車，那既然被稱作橫斷，就知道列車一定大部分都在山林間裡面奔跑，從木頭調的窗戶望出去，就可以看到著名的阿蘇五岳。

但我同時也很害怕如果列車突然在這種深山間壞掉該怎麼辦，那就得留在森林裡面與熊共舞了（？）

▲列車途中經過的地方，都是庭院深深深幾許（抖）。

溫泉天國！路邊隨處會冒出溫泉熱氣

到了溫泉天國別府之後，立馬到預約好的溫泉旅館check in。如果說由布院是時尚的溫泉街，那別府我覺得就像是熱海帶點古老風味的溫泉街，走在街上都可以感受到陣陣的昭和味飄過來，而且家家戶戶屋頂上都在冒煙！我本來以為是失火想去看個熱鬧，結果才發現煙是路邊的水溝冒出來的，原來這個煙是溫泉的熱氣，這邊的地熱多到連水溝都會冒煙，要不是當眾裸體會被警察盤問的話，根本就能直接在路邊水溝泡溫泉了吧（誤）。

話說別府這個地方真的很厲害，它的溫泉湧出量是世界第一，而且湧出的溫泉種類共計有10種，也就是泡的方法跟療效各自都不一樣。像是砂浴、蒸氣浴、露天泥浴等等，你一定可以在別府找到你想泡溫泉的方式（啊不就脫掉衣服泡進水裡）。此外，別府的溫泉集中在8個地方，統稱為別府八湯：別府、鐵輪、觀海寺、明礬、龜川、柴石、堀田、濱肋，我那次造訪的是別府溫泉，走在街上看著家家戶戶屋頂都在冒煙，真心為別府這個地方感到讚嘆，據我所知台灣人好像都比較喜歡去由布院，但由布院的路邊水溝反而都不會冒出煙來，沒有辦法感受到別府溫泉俯拾即是的感覺。

▲一出車站就看到滿滿的熱湯標誌。

▲走在路上就可以看到路邊水溝在冒煙，蔚為奇觀。

▲在別府的那晚我們住「彩葉」這間溫泉旅館，是獨棟的小木屋，CP值很高喔！

▲這邊連便利商店都掛著溫泉的旗子。

到底是天堂還是地獄？溫泉地獄巡禮

來到別府的人大部分都會來地獄巡禮，這邊被稱作地獄的原因是來自於《豐後國風土記》中的內容，這塊土地因為持續千年以上一直在噴熱氣、熱泥、熱水等等，自古以來就被人民視為不祥之地，很少人願意靠近（結果沒想到現在卻靠這個賺錢）。地獄巡禮總共有7個溫泉，分別是海地獄、血池地獄、龍卷地獄、白池地獄、鬼石坊主地獄、鬼山地獄跟大釜地獄，我當時選了海地獄跟血池地獄進去，因為基本上這種溫泉長的其實都差不多，而且我覺得這邊的造景很像小時候的古老遊樂園一樣，沒什麼噱頭，所以我不太推薦大家每個都去（喂）。

一片霧濛濛的地獄溫泉。

★海地獄

是這7個地獄裡面最大的，也是指定名勝，裡面煙霧繚繞，讓人分不清是身在天堂還是地獄，總覺得不小心就會掉進98度的池子裡被燙熟（旁邊吊著很多籃子裡面在煮溫泉蛋）。

值得一提的是，昭和天皇跟皇太子都來過這邊，於是海地獄的創業者為了把這份榮耀留存下來，特地立了記念碑。講到這我不得不再次讚嘆日本人對天皇的崇拜真是瘋狂，台灣怎麼可能會因為總統去了哪邊，就立了個紀念碑？一定馬上就被大學生噴漆或是破壞了吧（你知道太多了）。

▲這個景象到底是像天堂還是地獄？

★血池地獄

是日本最古老的天然地獄池，1300年前就已經存在，在《豐後國風土記》中以赤湯泉為名。池的顏色就是鐵鏽色，原因是地下的高壓高溫下發生了化學反應，導致富含酸化鐵及酸化鎂從地底下噴出。據說這個池子噴出來的紅色泥巴對治療皮膚病很有效，很多觀光客來這邊都會順便買回家。

▲充滿鐵離子顏色像血一樣的地獄。

▲別府車站門口就有一個手湯，連手都要泡溫泉是怎樣啦！

這裡的人們學會與大自然和平共存
櫻島

- **櫻島交通方式：**從鹿兒島中央搭乘市區電車在「水族館口」下車，步行約5分鐘可以抵達櫻島棧橋，搭乘渡輪過去約需15分鐘。
- **渡輪時刻表&價格：** http://bit.ly/2KCc0Dg（15分就一班，很方便）
- **道の駅「櫻島」火の島めぐみ館：**鹿兒島市櫻島橫山町1722-48

前往櫻島棧橋的指標。

來到鹿兒島一定會被旁邊海上那座巨大島嶼吸引，它是鹿兒島縣的地標－櫻島。這是座到現在仍然在活動的活火山，前陣子才剛噴發過不久，距離鹿兒島市僅僅4公里的距離，是目前世界上屈指可數的活火山，過去大噴發的時間距離現在其實都不遠，像是大正大爆發、昭和爆發等等，2016年及2018年也都有噴發的記錄。

話雖如此，島上依舊住著不少當地的居民，他們家家戶戶都配有火山灰袋，可以把清掃出來的火山灰裝進去再交給市政府回收。另外，鹿兒島市內的氣象，最後都會有櫻島上方風向的預測，為的就是預測當天火山灰落塵的方向，當地的居民沒有把櫻島火山當災害，而是想辦法與它和平共處。

▲準備登船囉（渡船費到了櫻島再付即可）。

搭船上下班是日常的一部分

▲好大的一艘船，最下層還有來回櫻島跟鹿兒島的房車們。

從櫻島棧橋坐船到櫻島只要15分鐘，每15分鐘就發一班船，算是非常方便，觀光客來回櫻島的這條航線，也是當地居民來回鹿兒島市上下班的通勤路線。船上短短的15分鐘，你除了可以站在船頭眼神放空看著前方的櫻島越來越大之外，還可以在船內吃上一碗烏龍麵，我也不知道為什麼船上有賣烏龍麵，而且貌似還是名物的感覺，當天看到幾位感覺是熟客，一上船就點了烏龍麵，吃完後剛剛好船就到岸了。

在船上看著遠方的櫻島越來越大。

船舶一靠岸後，船上的居民騎腳踏車的騎腳踏車、走路的走路，還有幾台轎車從船中急駛而出，大家熟練的登上櫻島一哄而散，剩下我們這些觀光客站在原地拿著地圖發呆。櫻島說大不大，但周長有52公里，要走路繞上一圈也不太可能，除了租借腳踏車之外就只能開車自駕。我們沿著縣道走，途中經過了月讀神社，還看到路邊有好幾攤無人顧店的蜜柑攤販，要買的人就自己投錢，完全在考驗路人的良心。

▲路邊隨處都可以看到無人攤販，測驗你的良心。

▲島上的月讀神社，小小一間但參拜的人絡繹不絕。

千萬別錯過！好逛好買的「道の駅」（MICHI-NO-EKI）

離棧道不遠的地方還有一間「道の駅」，類似台灣高速公路休息站，但是日本的道の駅超級好買跟好逛，有很多當地才買得到的特產跟物產，還有當地酪農產的牛乳等等，類似台灣小農概念的商店。日本甚至還有出道の駅攻略、全日本道の駅排行，非常值得一逛，去日本時如果有經過道の駅千萬不要錯過（結果對櫻島印象最深的地方，竟然是休息站XD）。

這間櫻島道の駅裡面賣了很多蜜柑跟椪柑，還有拿過金氏世界紀錄的世界最大蘿蔔－櫻島蘿蔔……看到那個蘿蔔，會覺得日本人還真是有趣。我在裡面吃了限定的櫻島小蜜柑霜淇淋就趕快離開，因為這種當地物產店都超級好買，不能久待否則荷包會大失血。

▲走過路過千萬不能錯過的休息站。

▲超大顆的櫻島蘿蔔。

▲這邊盛產蜜柑，走到哪都看得到。

泡天然足湯感受活火山生命力

離開物產館後沿著海岸走，便可以來到溶岩遊步道，這邊有個靠著地熱產生的天然足湯，同時也是日本規模最大的足湯。我看一旁有位阿伯很自然地把褲管捲起來就把腳放進去，心想這足湯溫度應該不會太高，畢竟那時候是很冷的1月，不可能很燙吧？結果事實證明我錯了，我不該學阿伯二話不說就直接把腳放入足湯裡，這完全是燙豬肉的溫度，我差點沒被燙熟，空氣中彷彿都聞到烤肉味了（浮誇）！

嚇到之後我只能慢慢從腳尖放進去，但都撐不了幾秒鐘，我已經算是很耐燙的人了，洗澡都洗燙水（驕傲什麼），就在我的雙腳一直蜻蜓點水時，旁邊來了一家3口的日本人家庭，爸爸媽媽帶著大概國小的女兒，3個人襪子一脫就把整隻腳放進足湯裡面，而且面不改色！當下我深受打擊，甚至還發願回台灣之後要天天洗45度熱水，因為

與櫻島相隔著錦江灣的鹿兒島市。

覺得自己太欠缺修練（其實也沒必要這樣），果然我骨子裡還是無法成為日本人的嗎……？

等到我終於適應足湯溫度，才開始正眼觀察這附近的風景，眼前是寬廣的錦江灣，身後是巨大的南北岳，火山口還不時冒著白煙，腳下燙人的足湯則提醒著我這座火山是活著的、這個大地是活著的，我對於此時此刻身在這裡感到不可思議，也對櫻島上的居民感到不可思議。這座火山隨時隨地都有可能再度大噴發，因為我光站在它眼前就感受到了旺盛的生命力，這邊的居民選擇了利用它發展觀光與它和平共處，而不是背棄它。

我懷著崇敬的心看著腳上所踏著的櫻島，願這邊的居民能長長久久與活火山和平共處，也希望這塊慈愛的大地，能永遠給予櫻島的人們一片安居樂業的淨土。

像是夢一般的場景，遠方火山口的白煙讓人感受到大地的生命力。

這塊公園沿路都有足湯可以泡，而且可以一邊遠眺南北岳。

日本蜜月旅行的起源來自這裡
霧島神宮

▲搭乘具有神祕氣息，全黑的特級霧島號出發囉！

◀一路上都伴隨身旁的櫻島。

以水之聖地為名的南九州，在日本現存最古老的歷史書《古事記》中曾經是天孫降臨的大地，也是日本天皇的起源之地，天孫在這邊遇見了美麗的木花咲耶姬並與她結為夫妻、傳宗接代，這也就是現今天皇的由來。當初天孫帶著三神器所降臨的地方據說是高千穗山峰，而霧島神宮背後的靈峰正是傳說中的高千穗連峰，山頂上還插著天の逆鉾（高千穗山頂上倒插著一隻三叉戟，只能遠觀不能靠近），也增加了高千穗的神祕感，想當然鎮守在高千穗山峰下的這間霧島神宮，就是以天孫「瓊瓊杵尊」為主祭神。因為這些傳說的關係，讓本來就身在迷霧中的霧島神宮，更蒙上了一層神祕面紗。

- **霧島神宮**：鹿兒島縣霧島市霧島田口2608-5
- **官網**：http://bit.ly/2MuVQgB
- **交通方式**：從鹿兒島中央車站搭乘霧島特急（特急きりしま號），於霧島神宮站下車，再轉乘巴士約10分即達。
- **巴士時刻表**：http://bit.ly/2OgbRaA（班次1個小時才1班，請務必看好回程巴士時間）

霧島神宮的玄關口——霧島神宮站

從鹿兒島中央站出發，搭乘特急霧島號約 50 分鐘即可抵達霧島神宮站，50 分鐘說長不長卻是個令人不知道要不要睡覺的時間（喂），好在美麗的櫻島全程都伴著我們而行，無聊時可以看看櫻島火山口的噴煙發呆。抵達霧島神宮站後，第一眼就被那模樣給震懾住，車站仿造神宮的樣式建造，連入口處都做成鳥居的形狀，是讓人印象很深刻的車站。

▲剪票口開始就充滿神宮的氣氛。

一走出車站就可以看到旁邊有足湯，是給在冬天前來的旅客們一大福音，其實霧島這個地方自古就以溫泉聞名，甚至連傳說中的坂本龍馬，都在西

▲車站的入口是個鳥居，不愧是霧島神宮的玄關口。

◀車站一出來就有暖暖的足湯可以泡。

◀謝謝龍馬兄把新婚旅行的習慣帶進來，造福日本廣大女性同胞！

鄉隆盛的推薦下，帶著妻子阿龍來到這邊療傷，剛剛所提到的靈峰上插著的天の逆鉾，坂本龍馬也曾帶阿龍上去看過，傳說他還拔起這隻三叉戟，而這趟旅程後來被稱為日本最初的新婚旅行（奇怪不是療傷之旅嗎），不愧是時代的領航者龍馬兄，連Honey moon都是他帶起來的風潮，日本的廣大女性同胞們可得要好好感謝他了。

被神祕霧海所圍繞的霧島神宮

搭乘約10分鐘的公車後，來到一片深山之中，眼前有個超巨大的石碑寫著霧島神宮，我們終於來到了高千穗連峰的山麓，爬上長長的石階，經過石板鋪成的參道後，就可以看到朱紅色的社殿了。霧島這個名字的由來有兩說，一說是因為霧島山麓很容易起霧，另外一說是高千穗峰及霧島連山等等，從遠方看起來就像是飄浮在霧海上的島嶼於是被稱作霧島，不管是哪一種說法，可以確定的就是這邊長年被大霧所圍繞，跟它的神話背景一樣充滿謎團。

你可別以為霧島神宮很少人來參拜，這邊終年被香客所圍繞，若想要欣賞靜謐一點的霧島神宮、安靜的參拜，可能要選清晨前往，人潮才會比較少。霧島神宮的主祭神剛剛有提過，是傳說中天孫降臨的天孫「瓊瓊杵尊」，相殿則祭祀著妻子木花咲耶姬及其子孫們，也就是現今天皇的阿祖的阿祖的阿祖（？）另外，這座霧島神宮曾經好幾次因為火山噴發而失火，但因為島津家不斷再建，瓊瓊杵尊今日依舊鎮守在高千穗的山腳下，保護著南九州的居民們。

▲爬上長長的石階，就可以看到鳥居囉！

▲前往充滿神祕氣息的深處。

▲從展望台往遠處看，沒有霧的時候可以看到遠方的櫻島喔！

▲遠遠望去的社殿，以蓋在深山中的神宮來說，這人潮真的很多。

◀境內的御神木已經800年了，不知道在這邊見證過多少興衰。

▶這邊也有龍馬夫婦！因寺田屋事件受傷的龍馬，聽從西鄉隆盛的建議來到這邊進行療傷之旅。

稱霸JR最南端的西大山站
指宿のたまて箱
（指宿玉手箱號）

這個列車的畫面稍縱即逝，沒有抓準時機的話又要再等3小時。

- **地址**：鹿兒島縣指宿市山川大山602
- **交通方式**：從鹿兒島中央站出發，搭乘指宿枕崎線約90分鐘抵達。
- **龍宮神社**：鹿兒島縣指宿市山川岡見ケ水1578-8

▲JR鐵道已經幫你整理好筆記了，就等著你去征服（眨眼睛）！

常在走跳日本的各位不知道有沒有發現，日本超級愛幫任何東西排名，日本的最東、西、南、北端除了分成鐵路跟國土的邊界之外，鐵路還分成JR跟非JR，擺明就是逼死那些想收集最東、西、南、北端的人啊！順便一提最北端在北海道的稚內，最東端一樣也是在北海道的東根室，最西端在長崎縣的佐世保，最南端就是這篇要介紹位於鹿兒島縣的西大山站。

其實這個站本來是被標記「本土最南端的車站」，結果引起大家撻伐說難道沖繩不是日本本土之一嗎？（事實上很多日本人是真的不把沖繩當作國土之一），所以後來才改成現在的「JR日本最南端」的稱呼。這條鐵路的行駛列車非常之少，鐵軌甚至還是單向通行，再加上車站周圍一片荒蕪，所以西大山站也被列為祕境車站的其中之一。不過近年來大家都熱衷於追尋祕境，所以西大山站雖然偏僻但也不乏遊客問津，自己一個人前往的話也不必太過擔心安全。

搭乘浦島太郎的玉手箱出發

要前往西大山站的話，首先要從鹿兒島中央前往指宿，而以觀光列車聞名的九州在這一段也有特殊的觀光列車行駛－指宿的玉手箱。這台外觀長的像黑白郎君的列車，是模仿浦島太郎故事的概念所製作而成的，因為薩摩半島傳說中就是浦島太郎中龍宮傳說的發生地，而這台車就是仿造浦島太郎要從龍宮回來時，龍宮公主給的那個「玉手箱」。

大家應該都知道這個故事最後的結局，從龍宮回來的浦島太郎發現人事已非，曾經居住的村落都已經不見了。原來海底的時空跟岸上的時空不同，陸地上已經過了300年了，好奇的浦島太郎打開龍宮公主給的箱子，打開時箱子冒出一陣白煙，一回神浦島太郎就變成一個老爺爺了。原來這個箱子裡，裝的是浦島太郎曾經應該要擁有的時間，而這

1.玉手箱的外表是黑白郎君的車身。
2.內裝非常高級的車廂。

台玉手箱列車在打開車門時，也會冒出陣陣白煙，就像是浦島太郎打開那個潘朵拉寶盒一樣。

那麼搭上這台列車後，會有什麼不能預測的冒險在等著我們呢？

▲九州的特殊列車，都可以在車上拿到限定的明信片。

可以遠眺薩摩富士的無人車站

到了指宿後，會看到大家兵分二路，一種是要前往指宿最有名的砂浴；另一種就是跟我一樣轉乘指宿枕崎線，要前往西大山站。這邊要注意的就是下午1點18分的列車出發後，再下一班就要等到5點14分了，往枕崎方向的班次真的是少到用一隻手可數的出來（難怪快要被廢線了），所以如果只排1天行程的話，砂浴跟西大山站就只能選一個去。

▲從指宿車站轉乘往枕崎方向的普通電車。

這邊前往西大山的線路是單向道，而且列車超破、超晃，感覺車廂都快解體了，雖然短短10幾分鐘車程，但我坐在車廂連結處附近，連喝水都抖到喝不下去，而且下車後超級想吐，千萬要注意。這座無人小車站，最美的景就是背後那座被稱為薩摩富士的開聞岳與一片油菜花田，一下車後就看到周遭的人手刀架好腳架，靜心等待列車要開走的那一刻，因為這班車一旦走了，下一班就要等超～級久，所以美景錯過不再，來這邊拍照的人請務必把這點放在心上。

看著大家拿起相機狂拍開聞岳與電車，我也跟風拿起相機，就當我沉浸在開聞岳之美中，突然回神發現旁邊的人都不見了，這時才仔細觀察了車站周圍，竟然都是一覽無際的稻田什麼都沒有，但要離開這個車站一定要搭電車啊，剛剛那群拍照的人到底怎麼消失的？我到現在還是想不透。

▲傳說中可以帶來幸運的黃色郵筒（應該是JR的噱頭罷了哈哈）。

好加在我這個人走到哪邊都能買，車站旁邊正好有一間小小的物產店，當下當然是走進去逛逛看有什麼可以買。我在這邊吃了一碗咖哩烏龍麵、買了一盒草莓，那碗咖哩烏龍麵應該是微波食品，但當時的我超級餓，導致那碗麵的美味到現在都還記得，跟大家推薦這間物產店的咖哩烏龍麵必吃（方圓百哩也只有這一間店就是了）。

▶味道令人念念不忘的微波烏龍麵XD。

追尋浦島太郎的蹤跡！前往龍宮神社

吃飽喝足之後，我發現這間物產店竟然可以借電動腳踏車，3小時500日圓，於是我掏出手機打開google map（我這人出外從來不帶旅遊書，都是直接看地圖找附近有什麼好玩的），發現龍宮神社就在離這邊不遠的長崎鼻，當機立斷的丟了500日圓給老闆後，不囉嗦立刻驅車往龍宮神社奔去！

▲陪我遠征長崎鼻的相棒－電動腳踏車！

▲出發時充滿自信的背影。

▲一路上開聞岳陪我們前進。

我一邊騎一邊看google map，路上根本沒有車所以騎起來滿愜意的，全程開聞岳也都在旁邊陪著我們，如果迷失方向的話它還可以當作指標。不知道騎了多久，總算看到有點熱鬧的街景，原來已經來到龍宮神社，這邊意外的還滿多日本旅遊團來，神社前的小小商店幾乎都是日本旅客。

龍宮神社的外觀很華麗，仿造海底龍宮建造而成，主祭神則是浦島太郎故事中的豐玉姬，也就是龍宮公主，且因為這邊是傳說中浦島太郎與龍宮公主相見的地方，所以這個神社也是以結緣聞名。參拜完之後，坐在那邊發呆看著遠方的開聞岳，看著浦島太郎放

▲龍宮神社是仿造海底龍宮所建造，快看旁邊有沒有迷路的小海龜！

▲很氣派的神社，可是都沒有人耶？

▶薩摩富士雖然很小一座，但形狀太特別導致走到哪邊都看的到。

生小海龜的海岸，一邊想著等等還要再騎回去西大山站真的好累（喂），不過這種不在計畫中的旅行總是讓人印象特別深刻，現在回想起來，從西大山站騎到長崎鼻，一路上的風景我都還清楚記得，途中遇到了油菜花馬拉松隊伍，一邊跟他們說加油一邊超車、那天的天氣有點陰、從開聞岳的這一面騎到了另一面……

回到指宿車站後，一群當地的阿公阿嬤團在車站歡送我們，大家拿著「歡迎來指宿」的旗子，笑得好開心，而阿公的笑容也正好被拍攝進我的相機裡，成為了指宿回憶的其中一頁。

▲很有鵝鑾鼻感覺的長崎鼻。

▲阿伯的笑臉永遠留在我的相機裡，謝謝你帶給我的美好回憶！

Orange Travel 12

阿蘇卡的日本祕境再發現

作者：阿蘇卡（Asuka）

出版發行

橙實文化有限公司 CHENG SHI Publishing Co., Ltd
客服專線／（03）3811-618

總編輯	于筱芬	CAROL YU, Editor-in-Chief
副總編輯	吳瓊寧	JOY WU, Deputy Editor-in-Chief
行銷主任	陳佳惠	Iris Chen, Marketing Manager

美術編輯	張哲榮
封面設計	張哲榮
製版／印刷／裝訂	皇甫彩藝印刷股份有限公司

編輯中心

桃園市大園區領航北路四段382-5號2F
2F., No.382-5, Sec. 4, Linghang N. Rd., Dayuan Dist., Taoyuan City 337, Taiwan (R.O.C.)
TEL／（886）3-3811-618 FAX／（886）3-3811-620
Mail：Orangestylish@gmail.com 粉絲團https://www.facebook.com/OrangeStylish/

全球總經銷

聯合發行股份有限公司 ADD／新北市新店區寶橋路235巷弄6弄6號2樓
TEL／（886）2-2917-8022 FAX／（886）2-2915-8614 出版日期 2018年11月

★**讀者資料**

姓名：＿＿＿＿＿＿＿＿ 性別：□男 □女 電話：＿＿＿＿＿＿＿＿

地址：＿＿＿＿＿＿＿＿＿＿＿＿＿＿＿＿

EMAIL：＿＿＿＿＿＿＿＿ 您對本書有哪些建議？＿＿＿＿＿＿＿＿

您希望看到哪些部落客或名人出書？＿＿＿＿＿＿＿＿

為保障個資法，您的電子信箱是否願意收到橙實化文出版資訊及抽獎資訊？ □願意 □不願意

買好書，抽大獎！

★**活動日期**：即日起～107.12.31、公佈得獎：108.1.2

★**活動方式**：購買本書後，填妥本頁資料（影印、複製無效），用手機拍下照片寄至橙實文化 E-MAIL 信箱：orangestylish@gmail.com ，即可享有抽獎資格！

★**獎項公佈**：得獎名單公佈於橙實文化粉絲團：https://www.facebook.com/OrangeStylish/（記得按讚加入、設定為「搶先看」）以免遺漏中獎公告喔！

★**注意事項**：中獎者必須自付運費，橙實文化保有修改及更動抽獎活動的權利。

獎項1
22吋旅行箱
市價約6,000元
※顏色隨機贈送

抽1名

獎項2
裘莉包
市價約2,200元
※顏色隨機贈送

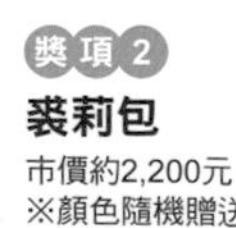

抽3名